Natürlich süß!

Johanna Handschmann

Natürlich süß!

Rezeptideen für Kuchen,
Desserts und mehr

südwest

Inhalt

Zucker – Lust oder Last?

Alle, die gerne mal etwas Süßes naschen, können beruhigt sein. Ja, es gibt Alternativen zum raffinierten Haushaltszucker, der unseren Stoffwechsel so stark belasten kann. Naturbelassene Zucker, wie Kokosblütenzucker oder Vollrohrzucker, oder aus Pflanzen gewonnene Zuckeraustauschstoffe, wie Xylit, Erythrit oder Isomaltulose, helfen, kalorienarm zu süßen. Teils insulinunabhängig, teils ohne Karies zu fördern.

Dieses Buch zeigt Ihnen, wie Sie mit dem Thema Zucker richtig bzw. besser umgehen und welche Süßungsmittel es als Alternativen zum weißen Haushaltszucker gibt. Zudem wird den Fragen nachgegangen, ob die Süßungsmittel Kalorien enthalten und welche Zucker bzw. Süßmittelmengen im Rahmen einer ausgewogenen Ernährung tolerierbar sind. Die Rezepte weisen den Weg, Süßes genießen zu können, ohne die durch Zucker verursachten gesundheitlichen Probleme zu bekommen.

Haushaltszucker

Es ist bekannt, dass normaler Haushaltszucker – in großen Mengen genossen – ungesund und ein Vitaminräuber ist, dass er Karies verursacht und über längere Zeit in großen Mengen genossen, auch krank machen kann. Trotzdem liegt der jährliche Pro-Kopf-Verbrauch von Zucker bei uns bei etwa 40 Kilogramm. Das entspricht einem täglichen Verbrauch von 20 Teelöffeln Zucker! Der Stoffwechsel des Menschen ist aber genetisch so disponiert, dass nur kleine Mengen der süßen Kohlenhydrate optimal verarbeitet werden können. Wenn unser Körper mit einer permanenten »süßen Bombardierung« zu kämpfen hat, ist es nur logisch, dass er irgendwann streikt und sich die einen oder anderen Probleme oder Krankheiten einstellen können.

Risiko Diabetes

In unserer Gesellschaft, und vor allem von der Gesundheitspolitik, wird das Zuckerproblem nicht seriös und nachhaltig behandelt – das scheinen die stetig steigenden Zahlen an Diabetikern in allen Altersstufen zu bestätigen. Das Angebot an unnötigen zuckerhaltigen Nahrungsmitteln ist riesengroß und steigt weiter. Ein Frühstück ohne Marmelade oder Müsli, eine Pause ohne einen Energieriegel, ein schönes Mittagessen ohne Dessert oder nur sehr selten ein süßes Gebäck zu einer Tasse Tee oder Kaffee, ist für viele unvorstellbar. Man will sich ja auch für das im alltäglichen Leben Geleistete belohnen, und das geht am einfachsten mit Süßigkeiten. Dazu kommt noch, dass uns die Ernährungspsychologie gelehrt hat, das Essen zu genießen und nicht nur danach zu trachten, einfach nur satt zu werden. Wenn Genuss und Belohnung dann ein Synonym für Zuckeraufnahme darstellen, laufen wir schnell Gefahr, vor einer Gewichtsexplosion zu stehen, die auch mit Krankheiten einhergeht.

Aufklärung tut not

Ein Grundproblem beim Zuckerkonsum ist die Auswirkung auf den Blutzuckerspiegel. Wir sind genetisch so ausgestattet, dass Kohlenhydrate mit einem hohen glykämischen Index (die den Blutzuckerspiegel stark ansteigen lassen) nur in kleinen Mengen von unserem Stoffwechsel gut verarbeitet werden können. Da die heutigen Ernährungsgewohnheiten weit von dem genetischen Idealbild entfernt sind – noch nie wurden so viele Kohlenhydrate in Form von Zucker und Stärke (Brot, Nudeln, Reis) gegessen wie in den letzten 50 Jahren –, stiegen in den letzten Jahren auch die ernährungsbedingten Krankheiten stark an. So wird beispielsweise der Diabetes Typ 2, der früher »Altersdiabetes« genannt wurde – da er vorwiegend bei über 40-Jährigen auftrat –, heute bei einer immer größer werdenden Zahl von Jugendlichen festgestellt. Diese Zahlen sind alarmierend und sollten ernst genommen werden.

In diesem Zusammenhang wäre es sehr sinnvoll, nachhaltige Aufklärungsprojekte in öffentlichen und privaten Organisationen, wie Kindergärten, Schulen, Behörden und Firmen, durchzuführen, die zu einem Umdenken beim Zucker- bzw. Kohlenhydratverbrauch führen. Gerade Kinder und Jugendliche sind besonders gefährdet, da die gesundheitlichen Schäden, die

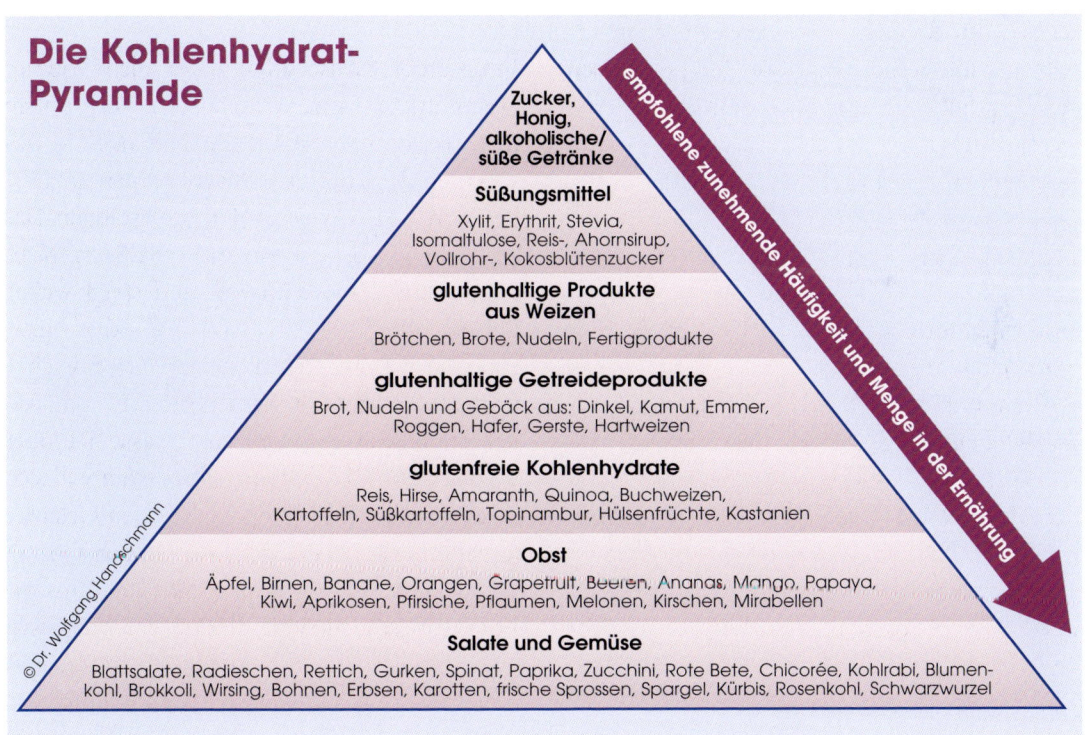

Die Kohlenhydrat-Pyramide

empfohlene zunehmende Häufigkeit und Menge in der Ernährung

Zucker, Honig, alkoholische/ süße Getränke

Süßungsmittel
Xylit, Erythrit, Stevia, Isomaltulose, Reis-, Ahornsirup, Vollrohr-, Kokosblütenzucker

glutenhaltige Produkte aus Weizen
Brötchen, Brote, Nudeln, Fertigprodukte

glutenhaltige Getreideprodukte
Brot, Nudeln und Gebäck aus: Dinkel, Kamut, Emmer, Roggen, Hafer, Gerste, Hartweizen

glutenfreie Kohlenhydrate
Reis, Hirse, Amaranth, Quinoa, Buchweizen, Kartoffeln, Süßkartoffeln, Topinambur, Hülsenfrüchte, Kastanien

Obst
Äpfel, Birnen, Banane, Orangen, Grapefruit, Beeren, Ananas, Mango, Papaya, Kiwi, Aprikosen, Pfirsiche, Pflaumen, Melonen, Kirschen, Mirabellen

Salate und Gemüse
Blattsalate, Radieschen, Rettich, Gurken, Spinat, Paprika, Zucchini, Rote Bete, Chicorée, Kohlrabi, Blumenkohl, Brokkoli, Wirsing, Bohnen, Erbsen, Karotten, frische Sprossen, Spargel, Kürbis, Rosenkohl, Schwarzwurzel

© Dr. Wolfgang Handschmann

Achten Sie auf die Zutatenlisten der Verpackungen. Noch besser: Bereiten Sie Ihre Speisen selbst zu, dann können Sie die Zutaten selbst bestimmen.

man sich in den ersten Lebensjahren zuzieht, später sehr schwer repariert werden können. Bisher wurden solche Projekte von der politischen Zuckerlobby jedoch erfolgreich unterbunden.

Das zweite große Problem ist die Tatsache, dass Zucker, in größeren Mengen über eine längere Zeit genossen, wie eine Droge wirkt. Dadurch schraubt sich der Zuckerkonsum immer weiter in die Höhe, und es beginnt ein Teufelskreis, dem man nur schwer entrinnen kann. Wenn Sie einmal aufmerksam die klein gedruckten Zuta-

ten auf den Verpackungen lesen, werden Sie erstaunt sein, in welchen Produkten überall Zucker bzw. Glukose enthalten ist, denn Zucker ist auch ein Geschmacksverstärker. Die Lebensmittelindustrie nutzt das Suchtpotenzial des Zuckers aus, indem sie Zuckerstoffe wie Saccharose (Haushaltszucker), Glukosesirup oder Fruktose (Fruchtzucker) in fertig zubereiteten Nahrungsmitteln (Convenience Food) verwendet.

Eigenverantwortung übernehmen

Werden Sie »zuckerbewusst«. Lernen Sie Ihre Lieblingsprodukte besser kennen und, noch besser, bereiten Sie so viel wie möglich selbst zu, dann können Sie die Zutaten selbst bestimmen.

Wie viel Zucker ist tolerierbar?

Die Problematik des Zuckers ist nur im Kontext aller Kohlenhydrate zu verstehen, da auch Getreide und Gemüse letztlich in den kleinsten Baustein der Kohlenhydrate – die Glukose – abgebaut werden. Allerdings enthalten Getreide und Gemüse auch viele Ballaststoffe, weshalb bei ihnen der Abbau der Kohlenhydrate zu Glukose nur sehr langsam vor sich geht. Beim Haushaltszucker gelangen dagegen in kurzer Zeit relativ große Mengen an Glukose ins Blut, die den Insulinspiegel (als Gegenspieler zu Glukose) stark und schnell ansteigen lassen. Ist dies regelmäßig der Fall, wird die Bauchspeicheldrüse (Syntheseort des Insulins) überbeansprucht, und es kann zu krankhaften Veränderungen kommen. Deshalb sollte Zucker nur in kleinen Mengen, die ballaststoffhaltigen Kohlenhydrate dagegen in größeren Mengen, verzehrt werden.

Gesundheitsstörungen Zu hoher Konsum von Zucker, vor allem von weißem Haushaltszucker und damit hergestellten Produkten, wird von der Ärzteschaft häufig als Ursache für folgende Gesundheitsstörungen gesehen:

- Entwicklung von Karies und Parodontose
- Stoffwechselstörungen, wie z. B. Diabetes mellitus (die »Zuckerkrankheit«)
- Entwicklung von Übergewicht
- Schwächung von Immunsystem und Darmflora
- Begünstigung von Hautkrankheiten wie z. B. Akne, Pickel
- Erhöhter Verbrauch von Vitaminen (z. B. Vitamine der B-Gruppe)
- Irritierung des Geschmacksempfindens
- Entwicklung von Übersäuerung
- Entwicklung von Sodbrennen

Faustregel für täglichen Konsum

Wenn Sie die »süßen Kohlenhydrate« in der richtigen Auswahl und Menge in Ihre Ernährung einbauen, können Sie die Vorteile dieser Nährstoffgruppe voll und ganz genießen. Als Faustregel für den täglichen Konsum an süßen Nahrungsmitteln empfehle ich etwa 25 bis maximal 50 Gramm Kohlenhydrate (abhängig von Alter, Größe und beruflicher Tätigkeit). Umgerechnet auf »Zucker« sind das 5 bis 10 Teelöffel oder 2 bis 4 Esslöffel Zucker bzw. Süßungsmittel z. B. in Früchten, Getränken, in Desserts oder Kuchen. Mit dieser Menge würden Sie mit Ihrem Zuckerverbrauch weit unter dem durchschnittlichen Konsum von 20 Teelöffeln pro Tag in Deutschland liegen und können trotzdem genießen.

Beispiel aus dem Alltag Eine Zuckermenge von 25 bis 50 Gramm (je nach individuellen Bedingungen) ist ausreichend, um die positiven Wirkungen für Körper und Seele zu ermöglichen und im Rahmen einer ausgewogenen Ernährung keine schädlichen Nebenwirkungen zu verursachen. Am besten können Sie Ihren Zuckerverbrauch im Griff haben, wenn Sie Ihre süßen Speisen vorwiegend selbst zubereiten. Als Beispiel aus der Praxis können die Muffins von Seite 50 dienen: 12 Stück enthalten 70 Gramm Zucker bzw. Xylit, das sind pro Stück 5,8 Gramm Süßungsmittel, und das entspricht etwa 1 Teelöffel. Herkömmliche Muffinrezepte können bis zu der doppelten Menge Zucker bzw. Süßungsmittel enthalten. Vergleichen Sie doch mal Ihre Rezepturen! Fazit: Durch eine reduzierte bzw. ausreichende Zucker- bzw. Süßungsmittelmenge kann man Süßes im Rahmen der erlaubten Mengen ohne Reue genießen.

Kontrollierter Zuckerkonsum

Es gibt viele sogenannte Zucker-Alternativen bzw. Süßungsmittel, die nicht immer einheitlich bewertet werden. Ich empfehle in diesem Buch natürliche Süßungsmittel (außer Stevia, siehe Seite 144), mit denen ich sehr gute Erfahrungen gemacht habe, und die teilweise auch gesundheitliche Vorteile bringen können. Damit möchte ich einen Weg aufzeichnen, wie man den Zuckerkonsum reduzieren kann, ohne auf die süße Geschmackskomponente der Nahrung zu verzichten. Ich mache Vorschläge, nach denen Sie Ihre für Sie möglichst geringen, noch akzeptablen Mengen an Süßungsmitteln austesten können, um sich gesund zu ernähren und dennoch Süßes genießen zu können. Ich empfehle keine künstlichen Süßstoffe. Zum einen ist die Unbedenklichkeit nicht eindeutig bewiesen, zum anderen wird das Zuckerbewusstsein des Körpers durch die enorme Süßkraft dieser Stoffe irritiert. Besser ist es, den Körper durch kontrollierten Zuckerkonsum, vorzugsweise von bestimmten natürlichen Zuckern bzw. Zuckeraustauschstoffen, auf ein genetisch sinnvolles Zuckerniveau zu bringen und dieses zu halten.

Alternativen zu Zucker

Während unser Haushaltszucker, der aus den Halmen des Zuckerrohrs bzw. der Knolle der Zuckerrübe gewonnen wird, insulinabhängig verstoffwechselt wird, gibt es andere Zuckerarten, die auch aus natürlichen Substanzen gewonnen werden, aber den Zuckerspiegel nicht oder nur wenig beeinflussen.

Xylit und **Erythrit** sind Zucker-Austauschstoffe, die, chemisch betrachtet, zur Gruppe der Zuckeralkohole gehören. Sie haben die gleiche oder ähnliche Süßkraft wie Haushaltszucker, weisen jedoch weniger Kalorien auf. Beide sind besonders gut für Diabetiker geeignet, denn sie bestehen zwar zu 100 Prozent aus Kohlenhydraten, doch sie werden nicht so wie die meisten Zucker verstoffwechselt: Während Xylit nur einen minimalen Insulinausstoß hervorruft, erhöht Erythrit den Blutzuckerspiegel überhaupt nicht. Zudem glänzen Xylit und Erythrit noch mit einer ganz besonders positiven Eigenschaft: Sie sind gut für die Zähne. Es klingt zunächst unglaublich, aber mit Xylit und Erythrit lässt sich Karies verhindern! Zahlreiche Studien bestätigen, dass die regelmäßige Anwendung dieser Zucker die Entstehung von Karies hemmt und die Remineralisierung der Zähne fördert. Xylit verhindert, dass Bakterien Zucker zu Milchsäure verstoffwechseln, welche dann die Zähne angreift. Daher ist dieses Süßungsmittel ideal zur Zahnpflege geeignet.

Gebäck mit Xylit und Erythrit bringt eine schöne, normale Süße mit einem leicht kühlenden Geschmackseffekt. Dennoch sollte man sich nur langsam an den Verzehr von Xylit und Erythrit gewöhnen, da sie bei übermäßiger Zufuhr abführend wirken können. Für Säuglinge ist Xylit nicht geeignet, jedoch können stillende Mütter Xylit unbesorgt verzehren. Für manche Tiere (z. B. Hunde, Ziegen) sind diese Substanzen nicht geeignet, da ihnen das notwendige Enzym zum Abbau fehlt.

Xylit ist u. a. unter den Handelsmarken »Birkenzucker«, »Xucker«, »Wiezucker« oder »Stattzucker« bekannt. Man bekommt ihn in Reformhäusern oder im Internet. Dieser natürliche Zuckeralkohol kommt in Himbeeren, Erdbeeren, in Birkenrinde und in Maiszellulose, ja

Süßungsmittel im Vergleich zu Haushaltszucker

Süßungsmittel*	Kalorien	Kohlenhydrate*	Glykämischer Index
Haushaltszucker	399	100	70
Glukosesirup	345	84	100
Vollrohrzucker	388	94	70
Kokosblütenzucker	380	93	35
Xylit	236	100	13
Isomaltulose	400	100	30
Erythrit	20	100	0
Kokosblütensirup	380	93	35
Reissirup	311	80	85
Ahornsirup	350	66	64

*Jeweils bezogen auf 100 Gramm (Zahlen gerundet)

selbst im menschlichen Körper vor. Entdeckt von dem deutschen Chemiker und Nobelpreisträger Emil Fischer vor über 100 Jahren, wurde Xylit während des Zweiten Weltkriegs bekannt, als man in Finnland auf die Gewinnung von Zucker aus Birkenrinde zurückgriff. Seitdem ist er in den skandinavischen Ländern bekannter als bei uns. Seine aufwendige Herstellung macht ihn etwas teurer als das Massenprodukt Haushaltszucker, aber hier sollten Sie den gesundheitlichen Vorteil über den Preis setzen.

Erythrit oder Erythritol ist ein praktisch kalorienfreier, natürlicher und zahnfreundlicher Zuckerersatz, der auch unter den Handelsnamen »Xucker light«, Sucolin®, SUKRIN® oder »Neue Süße« bekannt ist. Dieses Süßungsmittel hat, wie schon erwähnt, noch den zusätzlichen Vorteil, dass es den Blutzuckerspiegel überhaupt nicht erhöht. Die Süßkraft entspricht etwa 70 Prozent der Süßkraft von Haushaltszucker, d.h. man muss bei den Rezepten etwa ein Drittel Menge mehr nehmen, um den gewünschten süßen Geschmack zu bekommen. Personen mit einer Fruktosemalabsorption sollten besser Erythrit als Xylit verwenden.

Kokosblütenzucker und **Kokosblütensirup** sind besondere Spezialitäten mit mildem karamellartigem Geschmack, die viele Nährstoffe und Mineralien enthalten, wie z.B. Kalium, Magnesium, Zink oder Eisen. Außerdem sind sie eine natürliche Quelle für die Vitamine B1, B2, B3, B6 und C. Auch ein hoher antioxidativer Wert spricht für diesen Zucker. Ein weiterer Vorteil ist sein niedriger glykämischer Index (GI) von 35. Mit diesem Wert liegt Kokoszucker unter den GI-Wert der meisten Süßungsmittel. Kokosblütenzucker enthält etwa drei Viertel Saccharose und nur wenig Glukose und Fruk-

11

tose. Der Preis für diesen besonderen Zucker ist etwas höher als bei den anderen alternativen Zuckerarten, dafür bietet er auch besondere Mehr-Werte. Die Gewinnung dieses Zuckers ist bei den meisten Anbietern nachhaltig und ökologisch. Genießen Sie ihn als ein edles Gewürz.

Vollrohrzucker wird aus dem Saft der Zuckerrohrstangen gewonnen und nicht weiter raffiniert, sodass noch Vitamine und Mineralstoffe in ihm verbleiben. Er schmeckt kräftig karamellartig und hat keine kristalline Struktur, sondern

Natürliche Süßungsmittel von links nach rechts: schwarze Melasse, Gerstenmalz, Ahornsirup, Honig, Reissirup, Kokosblütenzucker, Vollrohrzucker, Isomaltulose, Xylit und Erythrit.

ist eher krümelig-pudrig. Wird Vollrohrzucker weiter geklärt und dabei kristallisiert, gehen die positiven Begleitstoffe verloren. Andere braune Zucker auf Basis des Vollrohrzuckers, die eine kristalline Struktur haben, sind daher weniger werthaltig als die Urform. Diese kristallinen Zucker mit hellbrauner Farbe werden auch als »Rohrohrzucker« verkauft und sind weniger wertvoll. Vollrohrzucker hat wie der Haushaltszucker einen hohen glykämischen Index. Durch Beachtung niedriger Mengen und kontrollierten Genuss ist Vollrohrzucker durchaus eine natürliche Süßungsalternative.

Isomaltulose oder **Palatinose** wird durch einen enzymatischen Prozess aus Rübenzucker gewonnen und besteht, wie weißer Zucker oder Vollrohrzucker, aus den Zuckerbausteinen Glu-

kose und Fruktose, die aber anders verknüpft sind, sodass die physiologischen Eigenschaften wesentlich positiver sind. Isomaltulose hat eine neutral schmeckende natürliche Süße, wirkt aber im Gegensatz zum weißen Zucker nicht kariogen, ist also zahnfreundlich. Ein weiterer Vorteil von Isolmaltulose ist, dass sie im Körper langsam abgebaut wird und daher der Blutzuckerspiegel auch nur langsam ansteigt. Der glykämische Index liegt mit etwa 30 im mittleren Bereich. Da die Süßkraft niedriger liegt als bei weißem Zucker, brauchen Sie für Ihre Rezepte etwa ein Drittel mehr.

Reissirup ist eines der ältesten Süßungsmittel, das in Asien traditionell verwendet wird. Dieser preisgünstige helle Sirup, der wegen seines milden Aromas gut für Cremes und Biskuitteige verwendet werden kann, wird aus Reismehl und Wasser durch enzymatische Spaltung hergestellt. Reissirup enthält gesundheitlich wertvolle Mehrfachzucker (Oligosaccharide), die nur langsam ins Blut übergehen und gut für den Darm sind. Ein weiterer Vorteil ist, dass Reissirup keine Fruktose (Fruchtzucker) enthält. Zusätzlich enthält er kleine Mengen an Eiweiß und Mineralstoffe wie Magnesium, Kalzium, Eisen und Kalium. Reissirup sollte nach dem Öffnen kühl gelagert werden. Dieser helle Sirup ist ideal für Süßspeisen und helle Teige, doch da die Süßkraft etwas niedriger ist als bei weißem Zucker, brauchen Sie etwas mehr davon.

Gerstenmalz oder **Reismalz** sind aus Gerste bzw. Reis gewonnene natürliche Süßungsmittel mit kräftigem Geschmack. Ähnlich wie Reissirup enthalten sie einen hohen Anteil an Mineralstoffen und langkettige Zuckerarten (Oligosaccharide), die den Blutzuckerspiegel nicht so schnell ansteigen lassen.

Ahornsirup ist der aus Ahornbäumen abgezapfte Pflanzensaft. Er enthält vorwiegend Saccharose und nur wenig Glukose und Fruktose, zusätzlich wertvolle Mineralstoffe und auch etwas Eiweiß. Wegen des kräftigen karamelligen Geschmacks wird er gerne für spezielle Rezepte z. B. Pancakes verwendet.

Honig besteht aus Glukose und Fruktose und ist ernährungsphysiologisch nicht gesünder als Zucker, vor allem wenn er erhitzt wird. Bedeutung genießt er als Brotaufstrich oder als antibiotisches Mittel in der Hausapotheke. Honig hat eine höhere Süßkraft als Haushaltszucker.

Schwarze Melasse ist eine preiswerte, süß schmeckende Nahrungsergänzung. Melasse ist der Anteil, der nach der Raffination des Zuckerrohrs übrig bleibt. Sie enthält die Vitalstoffe, die dem Zuckerrohr entzogen wurden. Schwarze Melasse enthält alle B-Vitamine sowie die Aminosäuren Histidin, Phenylalanin, Leuzin, Isoleuzin, Valin, Threonin und die Glutaminsäure, viele Mineralstoffe und Spurenelemente wie Selen, Kupfer, Kobald, Chrom, Eisen, Mangan, Zink, Natrium, Kalium, Phosphor, Schwefel, Magnesium, Chlorid und Kalzium. Zusätzlich finden sich in der Melasse auch noch wichtige sekundäre Pflanzenstoffe. Ihr gesundheitlicher Wert ließ die Melasse einst zu einem uralten Hausmittel werden, das in der Volksmedizin bei vielen Krankheiten eingesetzt wurde.

Schwarze Melasse sieht leider nicht so attraktiv aus, da sie einfach nur »eine schwarze Paste« ist, ähnlich wie Rübendicksaft. Sie dient sowohl als gesundes Süßungs- bzw. Würzmittel für dunkle Cremes oder dunkle Saucen (z. B. zu Wild oder Gans, für Salatsaucen), als auch für äußerliche Anwendung bei kleinen Wunden oder als pflegende Hautmaske, weshalb sie auch als universales Anti-Aging-Mittel bezeichnet wird. Zudem hat Melasse im Körper eine basische Wirkung, wodurch man einer Übersäuerung entgegenwirken kann. Damit die Wirkstoffe der Melasse optimal aufgenommen werden, sollte sie in warmer Flüssigkeit oder zusammen mit etwas Säure (z. B. mit Zitronensaft, Obst, Joghurt) eingenommen werden.

Fruchtzucker eher ungünstig

Die im Folgenden aufgelisteten natürlichen Süßungsmittel sollten Sie lieber meiden. Neueste Erkenntnisse zeigen, dass zu viel Fruktose (Fruchtzucker) für den Stoffwechsel nicht günstig ist. Während noch vor einigen Jahren Fruchtzucker für die Diabetikerernährung empfohlen wurde, rät heute das Bundesinstitut für Risikobewertung (BfR) davon ab, dass Diabetiker Fruchtzucker als Austauschstoff verwenden. Aus Sicht dieses Institutes wird die weitere Verwendung von Fruktose als Zuckeraustauschstoff in industriell gefertigten Lebensmitteln als Bestandteil sogenannter Diabetiker-Lebensmittel anstelle von handelsüblicher Saccharose aus ernährungsmedizinischen Gründen nicht für sinnvoll gehalten.

Fruchtzucker (Fruktose) ist ein natürlich vorkommender Zucker in Obst und Gemüse, den man in moderaten Mengen in Form von frischen Früchten und Gemüse genießen kann. Manche Menschen vertragen diesen Zucker jedoch schlecht oder gar nicht und leiden dann an einer Fruchtzuckermalabsorption. Fruchtzucker wird auch in isolierter Form zum Backen angeboten, oder ist häufig in Fertigprodukten versteckt. Dieser Zucker ist jedoch ohne die begleitenden Ballaststoffe und sekundären Pflan-

zenstoffe im Obst nicht empfehlenswert, da er die beim Agavensirup beschriebenen Auswirkungen auf den Stoffwechsel haben kann.

Agavensirup wird aus dem Saft der Agavenpflanze gewonnen und enthält einen sehr hohen Anteil an Fruktose. Das Produkt hat deswegen zwar einen niedrigen glykämischen Index, d. h. die Zuckerwirkung auf den Insulinspiegel ist gering, aber auf der anderen Seite stellt der hohe Fruktosegehalt ein Problem für den Stoffwechsel dar, da der Körper genetisch nicht auf die Verarbeitung von großen Fruktosemengen eingerichtet ist. Hohe Fruktosemengen im Körper belasten die Leber und unterdrücken die Produktion des Sättigungshormons Leptin. Leptin wird in den Fettzellen des Körpers gebildet und ruft im Gehirn das Gefühl der Sättigung hervor. Ein weiterer Minuspunkt für den Agavensirup ist die Tatsache, dass bei seiner Gewinnung häufig Methoden angewendet werden, die etwas problematisch sind. So werden beim großflächigen Anbau häufig Pestizide verwendet. Um möglichst viel aus der Pflanze herauszuholen, wird nicht nur der Pflanzensaft direkt gewonnen, sondern auch aus den Wurzeln mit Hilfe von Chemikalien Agavensaft extrahiert.

Birnendicksaft und **Apfeldicksaft** sind ebenfalls aufgrund ihres hohen Fruktosegehalts weniger empfehlenswert, d. h. sie sollten eher selten verwendet werden.

Glukosesirup ist ein aus Mais- oder Kartoffelstärke gewonnenes preiswertes Massenprodukt, das als billiges Süßungsmittel in Fertigprodukten Verwendung findet. Glukosesirup lässt den Blutzucker extrem in die Höhe schnellen und verursacht Karies. Achten Sie daher beim Einkauf genau auf die Zutatenlisten und versuchen Sie, solche Produkte zu meiden.

Süß kochen und backen

Um Auswahl und Austauschmöglichkeiten der verschiedenen Süßungsmittel zu erleichtern, finden Sie in der unten stehenden Abbildung eine Übersicht über die unterschiedliche Süßkraft der empfohlenen natürlichen Süßungsmittel im Vergleich zu weißem Haushaltszucker. So können Sie auch Ihre eigenen Rezepte mit den natürlichen Süßvarianten zubereiten.

Diese Angaben können nur als Richtwerte dienen, denn das Süß-Empfinden ist nicht direkt »messbar«, sondern immer nur subjektiv zu erfahren. Testen Sie Ihren persönlichen »Süßlevel« aus. Wenn Sie nach und nach immer weniger Süßungsmittel verwenden, kann sich der Geschmack auch umgewöhnen, und Sie können Ihren persönlichen »Zuckerlevel« noch weiter nach unten bringen.

Da nicht jede Zuckerart für jeden Teig bzw. jede Verarbeitung geeignet ist, zeige ich Ihnen nachfolgend die besten Einsatzmöglichkeiten der unterschiedlichen Zuckerarten auf.

Die Wahl des Süßungsmittels

Die Verwendung richtet sich nach der Eignung:

Biskuitteig alle Süßungsmittel.

Rührteig alle Süßungsmittel.

Mürbeteig Vollrohrzucker, Kokosblütenzucker und Isomaltulose.

Hefeteig alle Süßungsmittel außer Xylit und Erythrit, denn Hefe kann diese Stoffe nicht aufspalten.

Knusprige Teige Xylit und Erythrit sind dafür ungeeignet, da sie das Gebäck weicher machen.

Karamell Vollrohrzucker, Kokosblütenzucker, Reissirup und Isomaltulose.

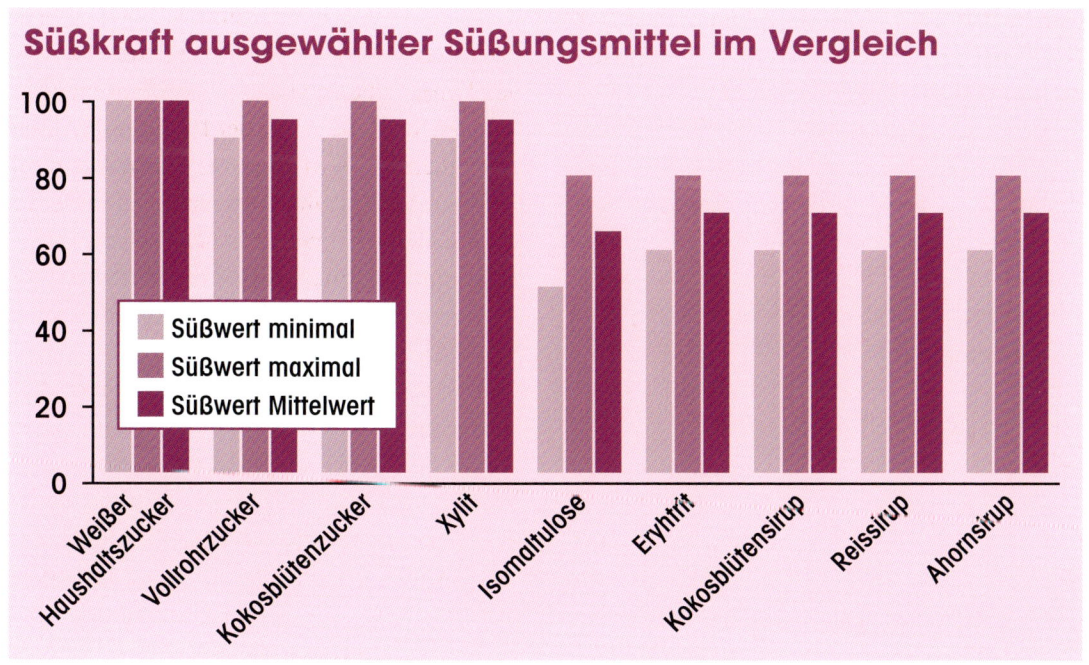

Süßkraft ausgewählter Süßungsmittel im Vergleich

Quelle: Die Werte basieren auf gemittelten Werten von verschiedenen Quellen und eigenen Erfahrungen.

Sahne, Süßspeisen alle Süßungsmittel, besonders ideal ist jegliche Art von Sirup.

Speiseeis Ideal sind flüssige Süßungsmittel wie Reissirup, Kokosblütensirup. Bei Verwendung von kristallinen Substanzen, wie Xylit, diese zuvor in kochendem Wasser lösen und zu Sirup eindicken, damit das Eis schön cremig wird.

Puderzucker Jedes kristalline Süßungsmittel lässt sich mit einem Mixer staubfein vermahlen. Wegen der weißen Farbe sind besonders Xylit, Erythrit und Isomaltulose für Puderzucker gut geeignet. Sie können diese Arten auch in eine saubere, leere »Salz-Pfeffer-Mühle« füllen, die sich sehr fein einstellen lässt, und dann nach Bedarf den Puderzucker direkt über Ihre Gebäckstücke mahlen. Größere Mengen Puderzucker lassen sich in einer Streudose aufbewahren.

Zuckerguss Dafür etwas Zitronensaft oder Sahne in pudrig feinen Zucker einrühren.

Weitere Zutaten

Amaranth, auch als »Wunderkorn« der Inkas bekannt, gibt es im Naturkostladen oder Reformhaus. Amaranth ist ein hirseähnliches Lebensmittel aus der Familie der Fuchsschwanzgewächse. Angenehm im Geschmack und reich an wertvollen Inhaltsstoffen wie hochwertigem Eiweiß und Magnesium, Kalzium und Eisen. Amaranth-Pops (gepuffter Amaranth) sind ideal für Müsli als Amaranth-Popcorn.

Bio-Zitronen oder **Bio-Orangen** vor der Verarbeitung mit warmem Wasser gründlich abwaschen. Schale abreiben, dünn abschälen und Saft auspressen. Übrige Zitronenschale in einer Gefrierdose in der Tiefkühltruhe aufbewahren. Zitronen- oder Orangenschalen gibt es auch als Fertigprodukt im Backzutaten-Sortiment.

Carob ist ein natursüßes Nahrungsmittel, das aus gemahlenen Früchten des Johannisbrotbaumes gewonnen wird. Carobpulver kann ähnlich wie Kakao verwendet werden, hat aber den Vorteil, dass wegen seiner natürlichen Süße kein zusätzlicher Zucker mehr nötig wird.

Johannisbrotkernmehl Aus den Kernen der Johannisbrotbaumfrüchte wird das Johannisbrotkernmehl durch Vermahlen gewonnen. Es ist ideal, um Teige oder Massen auch ohne Kochen zu dicken bzw. cremig zu machen.

Fette Ideal zur Herstellung von Gebäck und Süßspeisen sind Butter und natives Kokosfett. Beide sind auch zum Fetten der Bleche geeignet.

Inulin ist ein Mehrfachzucker aus Fruktose, ein löslicher Ballaststoff mit präbiotischen Eigenschaften, der den Ballaststoffgehalt eines Gerichtes erhöht, aber keine Kalorien liefert. Die Inulin-Ballaststoffe können bei der Verdauung im Dünndarm nicht zerlegt und aufgeschlossen werden. Im Dickdarm dienen sie dann als Nahrung für die positiven Bifidobakterien, wodurch die gesamte Darmflora günstig beeinflusst werden kann. Zusätzlich verbessert Inulin die Kalziumaufnahme aus dem Darm und kann zur Senkung des Cholesterinspiegels beitragen. Es wird aus Chicorée oder Topinambur gewonnen.

Kokosmus und **Kokoscreme** werden aus frischem Fruchtfleisch, Kokosöl und Kokosmilch zubereitet. Diese zart schmelzende cremige Kokoszubereitung ist nussartig und natursüß. Ideal für Cremes, Mixgetränke und Speiseeis.

Kokosmehl wird aus dem wertvollen Pressrückstand nach der Kokosölgewinnung hergestellt. Kokosmehl schmeckt angenehm süß und hat eine gute Quellfähigkeit – ideal zum Eindicken von Cremes. Es ist reich an mild wirkenden Ballaststoffen, enthält hochwertiges Eiweiß,

16

Mineralien, ist glutenfrei und vielseitig zum Backen oder Kochen verwendbar.

Kuvertüre/Schokolade Kuvertüre ist eine Schokoladen-Grundmasse, die einen höheren Fettanteil als Schokolade hat. Zuckerreduzierte Kuvertüren gibt es von »Kiwikawa« mit Xylit, zuckerfreie von »Zotter«.

Mehl Die Rezepte können Sie mit unterschiedlichen Mehlarten, wie z. B. Dinkelmehl, Weizenmehl oder auch glutenfreien Mehlsorten zubereiten. Glutenfreie Rezepte sind in diesem Buch entsprechend gekennzeichnet. Vollkornmehle sind zwar möglich, aber die Kuchen werden damit nicht so locker. Wenn Sie Vollkornprodukte gut vertragen, wählen Sie Dinkelmehle, da sich diese feiner vermahlen lassen und nicht so grobe Schalenteile enthalten wie Weizenmehle.

Vollkornmehle brauchen etwas mehr Flüssigkeit als ausgemahlene Mehle.

Stärkemehl bzw. **Speisestärke** macht Kuchen besonders zart und locker, da sie keine Kleberanteile und kein Gluten enthalten. Es gibt Kartoffelmehl (z. B. »Gustin«), Maismehl (z. B. »Maizena«) und Reismehl.

Vanille Gemahlene Vanille ist preiswerter als ganze Vanilleschoten. Wenn Sie ganze Schoten verwenden möchten, legen Sie sie ausgeschabt und grob zerkleinert in eine Dose mit Xylit oder Erythrit. Mit der Zeit erhalten Sie Vanillezucker.

Trockenfrüchte bringen natürliche Süße und arteigenen Fruchtgeschmack ein. Sie helfen, die verwendeten Zuckermengen noch weiter zu reduzieren.

Kuchen, Tartes & Torten

Käsekuchen mit Brombeerguss

Zutaten für 1 Kuchen

Für die Masse

125 g weiche Butter

100 g Xylit oder 140 g Erythrit bzw. Reissirup, Kokosblütensirup

4 Eier

1 Päckchen (40 g) Vanille-Puddingpulver

2 EL Kokosmehl

1 TL gemahlene Vanille

2 TL Backpulver

750 g Magerquark

2 TL abgeriebene Schale einer Bio-Zitrone

1 EL Zitronensaft

Für den Belag

300 g Brombeeren, frisch oder tiefgefroren

1 Päckchen Tortenguss rot

250 ml dunkler Traubensaft

2–3 EL Vollrohrzucker, Kokosblütenzucker, Xylit bzw. Erythrit

Außerdem

1 Springform à 26 cm Ø

Backpapier

Zubereitungszeit 20 Minuten

Backzeit 60–70 Minuten

1. Eine Springform mit Backpapier auslegen und den Rand nicht fetten, damit der Kuchen daran haften kann. Backofen auf 160 °C (Umluft 140 °C, Gas Stufe 1–2) vorheizen.

2. Für die Masse Butter, Süßungsmittel und Eier cremig rühren. Puddingpulver, Kokosmehl, Vanille, Backpulver, Quark, Zitronenschale und -saft einrühren.

3. Die Masse in die Form füllen. Den Kuchen auf der mittleren Schiene des heißen Backofens 60 bis 70 Minuten backen. Sollte die Oberseite zu dunkel werden, diese etwa nach 40 Minuten mit Backpapier abdecken.

4. Die Backofentür einen Spaltbreit öffnen und den fertigen Kuchen in der Form im Backofen abkühlen lassen. So fällt er nicht zusammen. Den abgekühlten Kuchen mit einem Messer vom Rand der Form lösen. Auf eine Tortenplatte setzen.

5. Für den Belag die Brombeeren waschen oder auftauen lassen und dabei den Saft auffangen. Tortenguss mit Traubensaft verrühren und nach Geschmack süßen. Die Flüssigkeit unter Rühren kurz aufkochen lassen. Beeren untermischen und den Guss mit den Früchten auf dem Kuchen verteilen.

Variante Statt Tortenguss und Süßungsmittel können Sie für diese Saft- bzw. Fruchtmenge auch 100 Gramm Xylit-Gelierzucker verwenden. Diese mindestens 5 Minuten kochen lassen, dann die Früchte dazugeben.

Info Dieser Kuchen kommt ohne zusätzlichen Teigboden aus. Beim zuckerbewussten Backen geht es ja auch darum, alles nicht unbedingt Notwendige wegzulassen. Der Kuchen hat durch die Käsemasse und die fruchtige-süße Auflage schon genug Geschmack.

Käsetorte ohne Backen

1. Für den Boden die Kekse oder Plätzchen zerdrücken und mit der Butter zu einem formbaren Teig vermischen. Eine Springform mit Backpapier auslegen. Die Masse in der Form zu einem Boden ausdrücken und kühl stellen.

2. Für den Belag die Gelatine in einen kleinen Topf geben. Mit Obstsaft bedecken und 5 bis 10 Minuten quellen lassen.

3. Inzwischen den Frischkäse mit Zitronensaft und Zitronen- schale verrühren. Die Sahne steif schlagen.

4. Die eingeweichte Gelatine erwärmen. Süßungsmittel dazu- geben und alles erhitzen, bis die Gelatine geschmolzen und das Süßungsmittel aufgelöst ist. Leicht abkühlen lassen.

5. Die leicht abgekühlte Gelatinemischung tropfenweise unter die Käsecreme rühren. Die Sahne unterheben.

6. Die Käsecreme in die Springform gleiten lassen. Die Torte mindestens 2 bis 3 Stunden durchkühlen lassen, bis die Mas- se fest ist.

Variante *Den Kuchen nach Belieben mit einem feinen Fruchtpüree, etwa aus Brombeeren, oder mit einer zucker- armen Konfitüre (siehe Seite 137) bestreichen. Sie können ihn auch direkt mit frischen Früchten garnieren.*

Tipp *Als Basis für den Boden können Sie auch sehr gut Reste von einem trockenen Kuchen oder Müsli-Mischun- gen verwenden.*

Zutaten für 1 Torte

Für den Boden
150 g Kekse oder Plätzchen
100 g weiche Butter

Für den Belag
6 Blatt Gelatine
125 ml heller Obstsaft
(z.B. Apfel- oder Ananassaft)
400 g Doppelrahm-Frischkäse
1 EL Zitronensaft
2 TL abgeriebene Schale einer Bio-Zitrone
500 g Sahne
125 g Xylit oder 175 g Erythrit bzw. Reissirup

Außerdem
1 Springform à 26 cm Ø
Backpapier

Zubereitungszeit
30–40 Minuten

Kühlzeit 2–3 Stunden

Käse-Mohn-Kuchen mit Aprikosen

GLUTENFREI

Zutaten für 1 Kuchen

5–6 frische Aprikosen oder 10–12 eingemachte Aprikosen ohne Zucker

4 EL Mohnsamen

125 g weiche Butter

150 g Xylit oder 200 g Erythrit bzw.
Reissirup

3 Eier

1 Päckchen (40 g) Vanille-
Puddingpulver

30–40 g Kokosmehl oder
Stärkemehl

1 TL gemahlene Vanille

2 TL Backpulver

500 g Quark (20 % Fett)

Außerdem

1 Springform à 26 cm Ø
Backpapier

Zubereitungszeit 20 Minuten

Backzeit 50–60 Minuten

1. Eine Springform mit Backpapier auslegen. Den Rand der Form nicht fetten, damit der Kuchen daran haften kann.

2. Frische Aprikosen mit kochendem Wasser überbrühen, einige Minuten ziehen lassen, die Haut abziehen, die Früchte halbieren und die Kerne entfernen. Bzw. konservierte Aprikosen in ein Sieb abgießen und abtropfen lassen. Mohnsamen in einer Kaffeemühle oder in einem Mixer fein mahlen.

3. Butter, Süßungsmittel und Eier cremig rühren. Puddingpulver, Kokos- oder Stärkemehl, Vanille, Backpulver, Quark und Mohn einrühren.

4. Den Backofen auf 180 °C (Umluft 160 °C, Gas Stufe 2–3) vorheizen. Die Quarkmasse in die Form füllen. Die Aprikosenhälften rosettenförmig auf der Masse verteilen.

5. Den Kuchen auf der mittleren Schiene des Backofens 50 bis 60 Minuten backen, bis seine Oberfläche leicht braun wird. Die Backofentür einen Spaltbreit öffnen und den fertigen Kuchen in der Form im Backofen abkühlen lassen.

6. Vor dem Servieren den Kuchen mit einem Messer von dem Rand der Form lösen.

Variante Anstelle von Aprikosen können Sie auch 200 bis 300 Gramm Mandarinenspalten, Pfirsichstücke, Kirschen oder Beerenfrüchte mit in den Teig geben. Auch feine Apfel- oder Birnenwürfel schmecken sehr gut darin.

Tipp Für diesen Kuchen empfehle ich die helleren Süßungsmittel, damit die Käsemasse nicht zu dunkel wird.

Gedeckte Apfeltorte

1. Für den Teig Mehl mit Backpulver vermischen. Süßungsmittel, Salz, Vanille, Ei und Milch einrühren. Butter in Stückchen zufügen. Alles miteinander verkneten.

2. Den Backofen auf 200 °C (Umluft 180 °C, Gas Stufe 3–4) vorheizen. Eine Springform fetten.

3. Ein Drittel des Teiges in den Kühlschrank stellen. Den restlichen Teig zu einer flachen Kugel formen und in die Form legen. Mit den Händen einen Boden ausdrücken und mit den Fingerspitzen einen 2 bis 3 Zentimeter hohen Rand formen. Den Teigboden mehrmals mit einer Gabel einstechen und 10 Minuten vorbacken.

4. Für die Füllung die Rosinen mit kochendem Wasser überbrühen. Die Äpfel waschen, schälen, entkernen und vierteln. Die Apfelviertel quer in 3 bis 4 Millimeter feine Scheiben schneiden. Mit dem Zitronensaft vermischen. Die Korinthen abgießen und mit Rum oder Rumaroma mischen.

5. In einem Topf die Butter erhitzen und die Apfelscheiben darin 3 bis 4 Minuten andünsten. Rosinen und Zimt einrühren. Die Füllung etwa 5 Minuten abkühlen lassen.

6. Den gekühlten Teig auf Frischhaltefolie ausrollen. Einen Teller in der Größe der Form auflegen und rundherum schneiden. Teigreste auf dem Boden verteilen.

7. Füllung auf dem Boden verteilen. Teigdeckel darauflegen und die Folie abziehen. Den Kuchen weitere 35 bis 40 Minuten backen. Einige Minuten in der Form auskühlen lassen.

8. Den Kuchen aus der Form lösen und auf einem Kuchengitter auskühlen lassen. Mit Puderzucker bestäuben.

Zutaten für 1 Torte

Für den Teig
350 g Mehl
2 gestrichene TL Backpulver
100 g Vollrohrzucker oder 140 g Isomaltulose
1 Prise Salz
½ TL gemahlene Vanille
1 Ei
1–2 EL Milch
125 g kühle Butter

Für die Füllung
50 g Rosinen oder Korinthen
1 kg Äpfel (zarte, feinsäuerliche Frühäpfel wie Gravensteiner oder säuerliche wie Boskop im Winter)
2 EL Zitronensaft
1–2 EL Rum oder einige Tropfen Rumaroma
40 g Butter
2 TL Zimtpulver

Zum Bestäuben
Puderzucker aus Xylit oder Erythrit

Außerdem
1 Springform à 26 cm Ø
Backpapier oder Butter
Frischhaltefolie

Zubereitungszeit 45 Minuten
Backzeit 45–50 Minuten

Apfelkuchen mit Rahmguss

Zutaten für 1 Kuchen

Für den Teig

200 g Mehl

20 g Vollrohrzucker oder
30 g Isomaltulose

1 Prise Salz

75 ml Apfelsaft oder Mineralwasser

100 g kalte Butter

Für den Guss

1 Ei

125 g Sahne

1–2 EL Xylit oder 2–3 EL Erythrit
bzw. Reissirup

½ TL gemahlene Vanille

Für den Belag

25 g Rosinen oder Korinthen

500 g feinsäuerliche oder
säuerliche Äpfel

Außerdem

1 Springform à 26 cm Ø
Butter für die Form

Zubereitungszeit
60 Minuten

Backzeit 35–40 Minuten

1. Für den Teig Mehl, Süßungsmittel, Salz und Apfelsaft in eine Schüssel geben. Die Butter in kleinen Stückchen zufügen und alles zu einem glatten Mürbeteig verkneten. Teig zu einer flachen Kugel formen und etwa 20 Minuten kühl stellen.

2. Den Backofen auf 200 °C (Umluft 180 °C, Gas Stufe 3–4) vorheizen. Eine Springform einfetten.

3. Den Teig in die Mitte der Form geben, mit den Händen einen gleichmäßigen Boden ausdrücken und mit den Fingerspitzen einen 2 bis 3 Zentimeter breiten Rand hochziehen. Den Teigboden mehrmals mit einer Gabel einstechen. Die Form auf die mittlere Schiene des Backofens schieben und den Teig 10 Minuten vorbacken.

4. Für den Guss das Ei mit der Sahne, dem Süßungsmittel und der Vanille verquirlen.

5. Für den Belag die Rosinen mit heißem Wasser überbrühen und einige Minuten quellen lassen. Äpfel waschen, schälen entkernen und das Fruchtfleisch in 3 bis 4 Millimeter feine Schnitze schneiden. Die Apfelschnitze kreisförmig auf den vorgebackenen Boden legen.

6. Das Wasser der Rosinen abgießen, die Früchte etwas trockentupfen und auf den Äpfeln verteilen. Den Guss durchrühren und über die Äpfel gießen.

7. Die Form auf die mittlere Schiene des Backofens stellen. Den Kuchen weitere 25 bis 30 Minuten backen, bis die Oberfläche leicht gebräunt ist.

Tipp Bei der Wahl der Apfelsorte können Sie zu Gravensteiner, Boskop, Elstar oder Braeburn greifen.

Versunkener Apfelkuchen

1. Für den Belag die Äpfel waschen, schälen, halbieren und vom Kerngehäuse befreien. Die Apfelhälften an der gewölbten Seite mit einem Messer mehrmals längs einritzen oder komplett in etwa 1 Zentimeter breite Schnitze schneiden. Das Fruchtfleisch in eine Schüssel geben und mit Zitronensaft benetzen.

2. Für den Teig Butter, Süßungsmittel, Salz und Zitronenschale mit den Rührbesen eines Rührgerätes in 1 bis 2 Minuten cremig rühren. Eier nach und nach einrühren und die Masse noch 1 bis 2 Minuten weiterrühren.

3. Mehl und Backpulver vermischen und zur Butter-Eier-Masse geben. Sahne angießen und alles schnell zu einem geschmeidigen Rührteig verarbeiten. Der Teig sollte so weich sein, dass er schwer reißend vom Löffel gleitet. Eventuell noch etwas Sahne zufügen, wenn er zu fest sein sollte.

4. Den Backofen auf 180 °C (Umluft 160 °C, Gas Stufe 2–3) vorheizen. Eine Springform einfetten.

5. Den Teig in die Form geben und mit einem Teigschaber glatt streichen. Die Apfelstücke rosettenartig auf dem Teig verteilen. Die Mandelblättchen über den Kuchen streuen und/oder die Oberfläche mit Zimt bestreuen.

6. Die Form auf die mittlere Schiene des Backofens schieben und den Kuchen in 35 bis 40 Minuten goldbraun backen. Die Form aus dem Backofen nehmen, den Springformrand entfernen und den Kuchen auskühlen lassen.

Variante Dieses unkomplizierte Rezept schmeckt auch sehr gut mit Birnen, Aprikosen, Pfirsichen oder Kirschen.

Zutaten für 1 Kuchen

Für den Belag
3 mittelgroße, feinsäuerliche Äpfel (z.B. Elstar oder Boskop)
1 EL Zitronensaft
2 EL Mandelblättchen und/oder etwas Zimtpulver

Für den Teig
125 g weiche Butter
100 g Vollrohrzucker bzw. Xylit oder 140 g Erythrit
1 Prise Salz
2 TL abgeriebene Schale einer Bio-Zitrone
2 Eier
200 g Mehl
2 TL Backpulver
3–4 EL Sahne nach Bedarf

Außerdem
1 Springform à 26 cm Ø
Butter für die Form

Zubereitungszeit 25 Minuten
Backzeit 35–40 Minuten

Johannisbeerkuchen mit Nussbaiser

Zutaten für 1 Kuchen

Für den Teig

100 g weiche Butter

80 g Vollrohrzucker bzw. Xylit oder 110 g Erythrit bzw. Isomaltulose

4 Eigelb

1 Prise Salz

1 Messerspitze Zimtpulver

1 Messerspitze Nelkenpulver

200 g Mehl

50 g Stärkemehl

1 TL Backpulver

60 g Sahne oder 60 ml Apfelsaft

1 TL abgeriebene Schale einer 1 Bio-Zitrone

Für den Belag

500–600 g Johannisbeeren

4 Eiweiß

1 Prise Salz

125 g Xylit oder 170 g Erythrit, Isomaltulose bzw. Reissirup

30 g feine Haferflocken

75 g gemahlene Haselnüsse oder Mandeln

½ TL Zimtpulver

1 große Banane

Außerdem

1 Springform à 26 cm Ø
Butter für die Form

Zubereitungszeit 50 Minuten

Backzeit 40–45 Minuten

1. Für den Teig Butter, Süßungsmittel, Eigelb, Salz, Zimt- und Nelkenpulver in 1 bis 2 Minuten cremig verrühren. Mehl, Stärkemehl und Backpulver vermischen und zusammen mit Sahne und Zitronenschale zur Buttermischung geben. Alles zu einem geschmeidigen Teig verrühren.

2. Eine Springform einfetten. Den Teig einlegen, zu einem Boden ausdrücken und dabei einen kleinen Rand hochziehen. Den Backofen auf 180 °C (Umluft 160 °C, Gas Stufe 2–3) vorheizen.

3. Für den Belag die Johannisbeeren waschen und abtropfen lassen. Die Beeren von den Stielen streifen.

4. Für die Baisermasse Eiweiß mit 1 Prise Salz steif schlagen. Das Süßungsmittel nach und nach dazugeben und noch 2 bis 3 Minuten weiterschlagen, bis die Creme dickschaumig ist. Haferflocken, Nüsse und Zimt unterheben. Die Johannisbeeren untermengen.

5. Die Banane schälen, in dünne Scheiben schneiden und auf dem Teig verteilen. Die Baisermasse darauf verstreichen.

6. Den Kuchen auf der mittlere Schienen des Backofens 40 bis 45 Minuten backen, bis die Oberfläche leicht gebräunt ist.

Variante Dieses Nussbaiser schmeckt auch gut mit Stachelbeeren, Rhabarber, Heidelbeeren oder Brombeeren.

Tipp Statt Haferflocken können Sie auch Kokosmehl nehmen, um den austretenden Saft der Johannisbeeren aufzusaugen. So weicht der Kuchen nicht durch.

Blitzkuchen
mit Trockenfrüchten

Zutaten für 1 Kuchen

50 g Rosinen oder getrocknete Feigen

50 g Zitronat

50 g getrocknete Aprikosen

75 g Butter

4 Eier

1 Prise Salz

75 g Xylit oder 100 g Erythrit

100 g Mehl

100 g gemahlene Mandeln

1 TL Backpulver

2 TL abgeriebene Schale einer Bio-Zitrone

1 EL Zitronensaft

1–2 EL Rum oder Sahne

Außerdem

1 Springform à 26 cm Ø

Butter oder Backpapier

Puderzucker aus Xylit oder Erythrit

Zubereitungszeit 30 Minuten

Backzeit 30–35 Minuten

1. Rosinen oder Feigen mit heißem Wasser übergießen und etwas einweichen lassen. Zitronat und Aprikosen in einem elektrischen Zerkleinerer fein zerkleinern.

2. Den Backofen auf 180 °C (Umluft 160 °C, Gas Stufe 2–3) vorheizen. Eine Springform einfetten oder ein Stück Backpapier einspannen.

3. Die Butter für den Teig zerlassen. Eier mit 1 Prise Salz und 3 bis 4 Esslöffeln heißem Wasser steif schlagen. Süßungsmittel nach und nach unterrühren und noch 1 bis 2 Minuten weiterschlagen, bis eine feste cremige Masse entstanden ist, in der Rührspuren sichtbar bleiben.

4. Die Rosinen abgießen. Mehl und gemahlene Mandeln mit Backpulver vermischen. Mehlmischung, Rosinen, Zitronenschale und -saft, Rum oder Sahne und die flüssige Butter auf die Eimasse geben und vorsichtig unterheben.

5. Den Teig in die Form füllen. Die Form auf die mittlere Schiene in den heißen Backofen stellen und den Kuchen 30 bis 35 Minuten backen.

6. Den Kuchen aus dem Backofen herausholen, in der Form auskühlen lassen und mit Puderzucker bestreuen.

Variante Dieser schnelle Kuchen schmeckt auch mit anderen Trockenfrüchten und anderen Zutaten, wie z.B. Schokostreuseln, geriebener Schokolade, Kakao- oder Carobpulver oder auch Nüssen. Wenn er ohne Trockenfrüchte zubereitet wird, kann die Süßungsmittelmenge um 40 bis 50 Gramm erhöht werden.

Mohnkuchen
mit Trockenfrüchten

1. Aprikosen fein würfeln. Zitronat fein würfeln. Mohnsamen in einer Kaffeemühle oder in einem Mixer fein mahlen.

2. Den Backofen auf 180 °C (Umluft 160 °C, Gas Stufe 2–3) vorheizen. Backpapier in eine Springform einspannen.

3. Eier mit 1 Prise Salz, 4 Esslöffeln heißem Wasser und Zitronensaft zu Eischnee steif schlagen. Nach und nach das Süßungsmittel einrühren. So lange rühren, bis die Masse dickschaumig ist. Zitronenschale und Rum oder Rumaroma auf die Masse geben. Mohn, Zitronat, Aprikosen, Mehl, Puddingpulver und Backpulver vermischen und mit einem Schneebesen unter die Eimasse heben.

4. Den Teig in die Form gleiten lassen. Die Form auf die mittlere Schiene des heißen Backofens schieben und den Kuchen 30 bis 35 Minuten backen.

5. Kuchen aus dem Backofen nehmen und einige Minuten in der Form auf einem Kuchengitter auskühlen lassen. Den Kuchen mit einem Messer von dem Rand der Form lösen und den Springformrand abnehmen.

Tipp *Sie können auch das Zitronat zusammen mit den Mohnsamen portionsweise in einem Zerkleinerer oder Mixer fein zerkleinern. Und den Kuchen nach Belieben noch mit etwas Puderzucker aus Xylit bestäuben (siehe Seite 16).*

Info *Dieses Rezept kommt mit geringen Mengen an Süßungsmitteln aus, da Trockenfrüchte von sich aus schon recht süß sind.*

Zutaten für 1 Kuchen

100 g getrocknete Aprikosen
50 g Zitronat
150 g Mohn
4 Eier
1 Prise Salz
1 EL Zitronensaft
80 g Kokosblütenzucker bzw. Xylit oder 100 g Reissirup bzw. Erythrit
1 TL abgeriebene Schale einer Bio-Zitrone
2 EL Rum oder einige Tropfen Rumaroma
25 g Mehl
25 g Vanille-Puddingpulver
½ TL Backpulver

Außerdem
1 Springform à 26 cm Ø
Backpapier für die Form

Zubereitungszeit 30 Minuten
Backzeit 25–30 Minuten

Himbeerkuchen mit Mandelbiskuit

1. Den Backofen auf 180 °C (Umluft 160 °C, Gas Stufe 2–3) vorheizen. Backpapier in eine Springform einspannen.

2. Für den Teig die Eier mit 3 Esslöffeln heißem Wasser, Salz und Zitronensaft steif schlagen. Nach und nach das Süßungsmittel einrühren. So lange rühren, bis die Masse dickschaumig ist. Zitronenschale auf die Masse geben. Mandeln mit Stärkemehl und Backpulver mischen. Die Mandelmischung mit einem Schneebesen vorsichtig unter den Eischaum heben.

3. Den Teig in die Form gleiten lassen. Diese auf die mittlere Schiene des heißen Backofens schieben und den Teig in 30 bis 35 Minuten hellbraun backen. Den fertigen Boden noch 4 bis 5 Minuten im abgeschalteten Backofen stehen lassen, danach herausnehmen und in der Form noch etwa 5 Minuten abkühlen lassen.

4. Den Rand des Kuchenbodens mit einem scharfen Messer lösen und den Springformrand entfernen. Den Boden auf ein Kuchengitter stürzen und das Backpapier abziehen. Den Kuchenboden auskühlen lassen.

5. Für den Belag die Himbeeren kurz abbrausen, abtropfen lassen und auf dem Kuchenboden verteilen.

6. Für den Guss die Flüssigkeit mit Agar-Agar oder Gelatine verrühren. Süßungsmittel einrühren und 1 bis 2 Minuten aufkochen lassen. Den Guss leicht abkühlen lassen. Den Guss auf den Früchten verteilen und fest werden lassen.

GLUTENFREI

Zutaten für 1 Kuchen

Für den Teig

3 Eier

1 Prise Salz

1 TL Zitronensaft

100 g Xylit oder 130 g Erythrit bzw. Reissirup

2 TL abgeriebene Schale einer Bio-Zitrone

75 g fein gemahlene Mandeln

75 g Stärkemehl

½ TL Backpulver

Für den Belag

300–400 g Himbeeren

250 ml Obstsaft oder Wasser, mit etwas Zitronensaft vermischt

1 TL Agar-Agar oder gemahlene Gelatine

1–2 TL Ahorn- bzw. Reissirup oder 2 TL Xylit (je nach Süße der Früchte)

Außerdem

1 Springform à 26 cm Ø

Backpapier

Zubereitungszeit 30 Minuten

Backzeit 30–35 Minuten

33

Erdbeertorte mit Nussbiskuit

Zutaten für 1 Torte

Für den Teig

200 gemahlene Nüsse (Haselnüsse, Mandeln oder Walnüsse)

½ TL Backpulver

4 Eier

1 EL Zitronensaft

100 g Xylit oder 130 g Erythrit bzw. Reissirup

2 TL abgeriebene Schale einer Bio-Zitrone

Für die Creme

3 TL gemahlene Gelatine

500 g Erdbeeren

100 g Quark oder Doppelrahm-frischkäse

2–3 EL Xylit bzw. Erythrit je nach Süße der Früchte

200 g Sahne

Zum Garnieren

einige Blättchen Minze oder Zitronenmelisse

Außerdem

1 Springform à 26 cm Ø

Backpapier

Zubereitungszeit 20 Minuten

Backzeit 30–35 Minuten

Kühlzeit 2–3 Stunden

1. Den Backofen auf 180 °C (Umluft 160 °C, Gas Stufe 2–3) vorheizen. Backpapier in eine Springform einspannen.

2. Für den Teig die Nüsse mit dem Backpulver vermischen. Die Eier trennen. Eiweiß mit 4 Esslöffeln heißem Wasser und dem Zitronensaft steif schlagen. Nach und nach das Süßungsmittel und das Eigelb einrühren. So lange rühren, bis die Masse dickschaumig ist. Die Zitronenschale auf die Masse geben. Die Nuss-Backpulver-Mischung mit einem Schneebesen vorsichtig unterheben.

3. Den Teig in die Form gleiten lassen. Den Biskuitboden auf der mittleren Schiene des Backofens in 30 bis 35 Minuten goldbraun backen. Den Kuchen etwas auskühlen lassen, aus der Form lösen und ganz auskühlen lassen.

4. Für die Creme die Gelatine mit 5 Esslöffeln Wasser in einen kleinen Topf geben und kurz quellen lassen.

5. Die Erdbeeren waschen, putzen und etwa ein Drittel zum Garnieren beiseitelegen. Die restlichen Früchte pürieren. Quark und Süßungsmittel in das Fruchtpüree einrühren.

6. Die Gelatine erhitzen, bis sie flüssig wird. Tröpfchenweise mit einem Rührgerät in die Erdbeercreme einrühren. Die Creme etwa 15 Minuten kühl stellen, bis der Biskuitboden vollständig abgekühlt ist.

7. Sahne steif schlagen und unter die Creme ziehen. Den Biskuitboden auf eine Tortenplatte legen, einen Tortenring um den Kuchen spannen und die Creme auf den Kuchen streichen. Die Creme erstarren lassen. Den Ring ablösen. Die Torte mit den restlichen Erdbeeren und Kräuterblättchen garnieren.

Gewürzkuchen

1. Butter mit dem Süßungsmittel cremig rühren. Eier nach und nach einrühren. Salz, Vanille, Zimt, Nelken, Muskatblüte und Kakao- oder Carobpulver einrühren.

2. Nüsse und Mehl mit dem Backpulver vermischen und mit dem Rum oder dem Apfelsaft unter die Butter-Eier-Masse rühren.

3. Den Backofen auf 200 °C (Umluft 180 °C, Gas Stufe 3–4) vorheizen. Eine Kastenform mit Butter einfetten und mit Semmelbröseln oder Mehl ausstreuen.

4. Die Äpfel waschen und die Kerngehäuse entfernen. Das Fruchtfleisch in 2 bis 3 Millimeter feine Scheibchen schneiden oder mittelgrob raspeln und sofort in den Teig rühren. Der Teig soll geschmeidig sein und schwer reißend vom Löffel gleiten. Eventuell noch etwas Apfelsaft oder Rum einrühren.

5. Den Teig in die Form gleiten lassen. Die Form auf die mittlere Schiene des Backofens stellen und den Kuchen etwa 60 Minuten backen.

Tipp Für diesen Kuchen eignen sich Äpfel mit wenig Säure, wie z.B. Idared, Gala, Delicious, Elstar, Jonagold oder Cox Orange. Die Äpfel brauchen nicht geschält zu werden, da sie ja fein geschnitten bzw. geraspelt werden. So wird der Kuchen ballaststoffreicher und gesünder.

Tipp Mit dieser fruchtigen Teigmischung können Sie auch sehr gut Muffins backen.

Zutaten für 1 Kuchen

125 g weiche Butter
125 g Vollrohrzucker bzw. Xylit oder
170 g Erythrit
2 Eier
1 Prise Salz
1 TL gemahlene Vanille
1 EL Zimtpulver
1 TL gemahlene Nelken
½ TL Muskatblüte
2 EL Kakao- oder Carobpulver
125 g gemahlene Haselnüsse
oder Walnüsse
250 g Mehl
3 gestrichene TL Backpulver
2 EL Rum oder Apfelsaft
400 g süß-aromatische Äpfel

Außerdem
1 Kastenform à 30 cm Länge
Butter für die Form
1 EL Semmelbrösel oder Mehl

Zubereitungszeit 30 Minuten
Backzeit 60 Minuten

35

Knusprige Obsttarte

1. Mehl mit Crème fraîche verrühren. Butter in kleinen Stücken dazugeben und alles mit den Händen zügig verkneten. Den Teig für 10 Minuten in den Gefrierschrank legen.

2. Für den Belag die Pfirsiche mit heißem Wasser überbrühen und einige Minuten darin ziehen lassen. Das Wasser abgießen. Die Haut der Pfirsiche abziehen und das Fruchtfleisch in 2 bis 3 Millimeter feine Schnitze schneiden.

3. Den Backofen auf 220 °C (Umluft 200 °C, Gas Stufe 4–5) vorheizen. Eine Springform mit Butter einfetten.

4. Den Teig in die Mitte der Form legen und mit den Händen zu einem dünnen Teigboden ausdrücken. Ein Teigrand ist hier nicht nötig, da der Belag sehr dünn ist. Die Fruchtschnitze rosettenförmig mit etwa 2 bis 3 Millimeter Abstand auf den Teigboden legen.

5. Tarte auf der mittleren Schiene im Backofen etwa 30 Minuten backen, bis der Boden goldbraun und knusprig ist. Herausnehmen. Das Gelee auf die noch heißen Früchte pinseln.

6. Für den Krokant die Butter in einer Pfanne schmelzen lassen und die Mandelblättchen darin unter ständigem Rühren goldbraun braten. Süßungsmittel darüberstreuen und in 3 bis 4 Minuten karamellisieren lassen, dabei immer weiterrühren. Die Mischung sofort auf dem Kuchen verteilen.

Tipp Die Tarte sollte hauchdünn sein, wie ein knuspriger Keks, und nicht zu dicht belegt werden, damit der Boden schön knusprig wird. So schmeckt sie am besten.

Variante Statt Pfirsiche andere süße Früchte wie Äpfel, Birnen, Aprikosen, Mirabellen oder Pflaumen wählen.

Zutaten für 1 Kuchen

Für den Teig
100 g Mehl
50 g Crème fraîche
50 g kalte Butter

Für den Belag
2 große Pfirsiche
2 EL Aprikosen- oder Quittengelee

Für den Mandelkrokant
1 TL Butter
2 EL Mandelblättchen
1 EL Kokosblütenzucker oder Vollrohrzucker

Außerdem
1 Springform à 26 cm Ø
Butter für die Form

Zubereitungszeit 30 Minuten
Backzeit 30 Minuten

Kirsch-Schoko-Biskuit

Zutaten für 1 Kuchen

500 g Kirschen

50 g Nüsse (Mandeln, Walnüsse oder Haselnüsse)

50 g bittere Schokolade (mind. 70 % Kakao) oder Carobpulver

60 g Mehl

40 g feine Haferflocken oder Kokosmehl

½ TL Zimtpulver

½ TL Nelkenpulver

4 Eier

1 TL Zitronensaft

1 Prise Salz

100 g Vollrohrzucker bzw. Xylit oder 130 g Erythrit bzw. Reissirup

1 TL Zitronenschale einer Bio-Zitrone

2 EL Kirschwasser, Rum oder einige Tropfen Rumaroma

Außerdem

1 Springform à 26 cm Ø
Backpapier
Mandelblättchen für den Boden

Zubereitungszeit 20 Minuten

Backzeit 30–35 Minuten

1. Frische Kirschen waschen und entsteinen bzw. tiefgekühlte auftauen lassen, konservierte Kirschen abtropfen lassen.

2. Den Backofen auf 180 °C (Umluft 160 °C, Gas Stufe 2–3) vorheizen. Den Boden einer Springform mit Backpapier auslegen und dick mit Mandelblättchen bestreuen.

3. Nüsse und Schokolade mit einem Zerkleinerer fein zerkleinern. Beide Zutaten mit Mehl, Haferflocken, Zimt- und Nelkenpulver würzen.

4. Die Eier trennen. Eiweiß mit dem Zitronensaft, 1 Prise Salz und 4 Esslöffeln heißem Wasser zu Eischnee steif schlagen. Süßungsmittel und Eigelb nach und nach einrühren. Noch 1 bis 2 Minuten weiterschlagen, bis eine feste, cremige Masse entstanden ist, in der Rührspuren sichtbar bleiben.

5. Zitronenschale und Kirschwasser oder Rum in die Eimasse einrühren. Die trockenen gemischten Zutaten und die abgetropften Kirschen auf die Schaummasse geben und vorsichtig unterheben.

6. Den Teig in die Form gleiten lassen. Diese auf die mittlere Schiene des heißen Backofens schieben und den Kuchen 30 bis 35 Minuten backen.

7. Den fertigen Kuchen noch 5 Minuten im abgeschalteten Backofen stehen lassen, danach herausnehmen und in der Form noch etwa 5 Minuten abkühlen lassen.

Tipp *Wenn Sie keinen elektrischen Zerkleinerer zur Hand haben, können Sie die Nüsse und die Schokolade auch mit einer Reibe fein reiben.*

Zwetschgenkuchen

1. Für den Teig Milch, Hefe, Süßungsmittel, Salz und Ei in einer Schüssel verrühren. Das Mehl dazugeben und unterrühren. Die weiche Butter in Stückchen dazugeben und alles zu einem geschmeidigen, nicht zu weichen Teig verarbeiten. Er soll glänzen und sich vom Schüsselrand ablösen, ansonsten noch 1 bis 2 Esslöffel Mehl einarbeiten.

2. Den Teig zu einer Kugel formen, leicht mit Mehl bestäuben und zugedeckt etwa 20 Minuten gehen lassen, bis sich sein Volumen etwa verdoppelt hat.

3. Ein Backblech bzw. eine Springform fetten und leicht mit Mehl bestäuben. Den gegangenen Teig kurz durchkneten, zu einer Kugel formen und auf dem Backblech oder in der Springform mit den Händen einen gleichmäßig dicken Boden ausdrücken. Den Teig erneut 5 Minuten gehen lassen.

4. Für den Belag die Zwetschgen waschen, abtropfen lassen, halbieren und entsteinen oder mit einem praktischen Zwetschgenentkerner in vier noch zusammenhängende Spalten zerteilen. Dachziegelartig auf dem Teigboden verteilen. Zimt und Süßungsmittel vermischen und darüberstreuen. Mandelblättchen über den Belag streuen.

5. Den Backofen auf 200 °C (Umluft 180 °C, Gas Stufe 3–4) einstellen. Das Backblech auf die mittlere Schiene des kalten Backofens geben und den Kuchen 30 bis 35 Minuten backen, bis die Ränder goldbraun sind. Herausnehmen und auf einem Kuchengitter auskühlen lassen.

Info *Die Teigmenge ergibt auf dem Backblech einen ganz dünnen knusprigen Boden. In der Springform wird er dicker. Bei Hefekuchen den Backofen nicht vorheizen, da Hefeteig die steigende Hitze braucht, um aufzugehen.*

Zutaten für 1 Blechkuchen

Für den Teig
150 ml lauwarme Milch
20 g frische Hefe oder
2 TL Trockenhefe
30 g Kokosblütenzucker,
Vollrohrzucker oder Reissirup
1 Prise Salz
1 Ei
250 g Mehl
40 g weiche Butter

Für den Belag
750 g –1 kg reife Zwetschgen
1 EL Zimtpulver
ca. 1 EL Xylit bzw. Erythrit
20–25 g Mandelblättchen

Außerdem
1 Backblech oder
1 Springform à 30 cm Ø
Butter oder Öl
Mehl

Zubereitungszeit 50 Minuten
Backzeit 30–35 Minuten

Dekorativer Hefezopf

Zutaten für 1 Zopf

Für den Teig

¼ l lauwarme Milch

40 g frische Hefe (1 Würfel)

60 g Vollrohrzucker bzw. Reissirup

1 Prise Salz

1 Ei

500 g Mehl

2 TL abgeriebene Schale einer Bio-Zitrone

60 g weiche Butter

Für die Füllung

50 g Rosinen

1 EL Rum oder einige Tropfen Rumaroma

1 Eiweiß

3–4 EL Xylit, Ahornsirup, Reissirup oder Kokosblütenzucker

100 g gemahlene Haselnüsse oder gemahlene Mandeln

1–2 TL Zimtpulver

Außerdem

Butter oder Backpapier

1 Eigelb und etwas Milch

Zubereitungszeit
40–50 Minuten

Backzeit 35–40 Minuten

1. Für den Teig Milch, Hefe, Süßungsmittel, Salz und Ei vermengen. Mehl dazugeben und unterrühren. Zitronenschale und Butter in Stückchen zufügen und alles zu einem geschmeidigen, nicht zu weichen Teig verarbeiten. Er soll glänzen und sich vom Schüsselrand ablösen, ansonsten noch 1 bis 2 Esslöffel Mehl einarbeiten. Teig mit Mehl bestäuben und zugedeckt 20 bis 30 Minuten gehen lassen, bis sich sein Volumen etwa verdoppelt hat.

2. Für die Füllung die Rosinen in heißem Wasser einige Minuten quellen lassen, abtropfen lassen und mit dem Rum vermischen. Eiweiß mit Süßungsmittel zu Eischnee steif schlagen. Nüsse, Rosinen und Zimt unterheben. Die Masse soll streichbar sein, ansonsten noch etwas Wasser unterrühren.

3. Den Teig kurz durchkneten und auf einer bemehlten Arbeitsfläche zu einem etwa ½ Zentimeter dicken Rechteck auswellen. 5 bis 10 Minuten gehen lassen. Ein Backblech fetten oder mit Backpapier auslegen.

4. Die Füllung auf die Teigplatte streichen und dabei rundherum einen Rand von etwa 1 Zentimeter frei lassen. Die Teigplatte von der Längsseite her aufrollen und so auf dem Backblech zurechtlegen, dass die offene Kante unten liegt. Eine Hälfte der Teigrolle längs durchschneiden. Die beiden aufgeschnittenen Teigstücke mit beiden Händen fassen und ein- bis zweimal überkreuzen, sodass die aufgeschnittenen Teigkanten oben liegen. Mit der zweiten Hälfte des Teiges ebenso verfahren.

5. Eigelb mit etwas Milch verquirlen und den Zopf damit bestreichen. 10 bis 15 Minuten gehen lassen. Backofen auf 200 °C (Umluft 180 °C, Gas Stufe 3–4) einstellen und den Zopfkuchen darin in 35 bis 40 Minuten goldbraun backen.

40

Marmorkuchen

Zutaten für 1 Kuchen

200 g weiche Butter

175 g Xylit oder 250 g Erythrit bzw. Isomaltulose

2 TL abgeriebene Schale einer Bio-Zitrone

4 Eier

250 g Mehl

50 g Stärkemehl

3 TL Backpulver

100 ml Milch

2 TL Zitronensaft

1 Prise Salz

2 EL Sahne, Rum oder Wasser

2 EL Kakao- oder Carobpulver

1–2 EL Milch oder Sahne

Außerdem

1 Ringform à 26 cm Ø, 1 Guglhupfform à 24 cm Ø oder 1 Kastenform à 26 cm Länge

Butter für die Form

Mehl oder Brösel für die Form

Zubereitungszeit 30 Minuten

Backzeit 55–60 Minuten

1. Eine Kuchenform mit Butter fetten und mit Mehl oder Bröseln ausstreuen.

2. In einer Schüssel Butter, Süßungsmittel und Zitronenschale mit einem Rührgerät in 1 bis 2 Minuten cremig rühren. Eier nach und nach einrühren und die Masse noch 1 bis 2 Minuten weiterrühren.

3. Mehl, Stärkemehl und Backpulver vermischen und dazugeben. Die Milch angießen und alles in wenigen Sekunden zu einem geschmeidigen Rührteig verarbeiten. Der Teig sollte so weich sein, dass er schwer reißend vom Löffel gleitet. Eventuell noch etwas Sahne, Rum oder Wasser dazugeben, wenn er zu fest sein sollte. Die Eimasse unterheben.

4. Etwas mehr als die Hälfte des Teiges in die Form gleiten lassen. In den restlichen Teig das Kakao- oder Carobpulver einrühren. Bei Zugabe von Carobpulver noch 1 bis 2 Esslöffel Milch oder Sahne einrühren.

5. Die dunkle Teigmasse auf den hellen Teig geben. Mit einer Gabel durch Drehbewegungen den dunklen mit dem hellen Teig leicht vermischen. Die Oberfläche glatt streichen.

6. Den Backofen auf 180 °C (Umluft 160 °C, Gas Stufe 2–3) vorheizen. Die Form auf die mittlere Schiene des Backofens stellen und den Kuchen 55 bis 60 Minuten backen.

7. Gegen Ende der Backzeit eine Stäbchenprobe machen. Dafür ein Holzstäbchen in den Kuchen stechen. Wenn beim Herausziehen kein Teig mehr am Stäbchen haftet, den Marmorkuchen aus dem Backofen nehmen und in der Form leicht auskühlen lassen. Auf ein Kuchengitter stürzen und abkühlen lassen.

Orangenkuchen

1. Die Orange gründlich mit warmem Wasser abwaschen, in einen Topf geben und mit Wasser bedecken. Das Wasser zum Kochen bringen und die Orange bei mittlerer Hitze etwa 1 Stunde kochen.

2. Die Orange aus dem Wasser nehmen und etwas abkühlen lassen. Die Frucht samt Schale grob zerteilen, eventuell vorhandene Kerne entfernen und die Fruchtstücke pürieren.

3. Die Eier schaumig schlagen, Süßungsmittel einrühren und einige Minuten weiterschlagen, bis es sich aufgelöst hat.

4. Kokosflocken oder gemahlene Mandeln mit Stärkemehl und Backpulver vermischen. Unter die Eimasse heben. Das Orangenpüree unter die Teigmasse rühren.

5. Den Backofen auf 180 °C (Umluft 160 °C, Gas Stufe 2–3) vorheizen. Backpapier in eine Springform einspannen.

6. Den Teig in die Form gleiten lassen. Die Form auf die mittlere Schiene des heißen Backofens schieben und den Kuchen in 35 bis 40 Minuten goldbraun backen.

7. Herausnehmen und den Kuchen einige Minuten in der Form abkühlen lassen. Mit einem Messer vom Springformrand lösen, aus der Form nehmen und auf einem Kuchengitter auskühlen lassen. Mit etwas Puderzucker bestäuben.

Variante Dieses Rezept schmeckt ebenso sehr gut mit Zitronen. Da diese mehr Säure als Orangen haben, können Sie dem Fruchtpüree noch 50 bis 60 Gramm Süßungsmittel hinzufügen. Übrigens können Sie den Teig auch sehr gut in Muffinförmchen backen. Die Backzeit beträgt dann nur 15 bis 20 Minuten.

GLUTENFREI

Zutaten für 1 Kuchen

1 Bio-Orange mit dünner Schale, ohne Kerne (Navel)

3 Eier

100 g Kokosblütenzucker, Vollrohrzucker bzw. Xylit oder 140 g Erythrit bzw. Isomaltulose

125 g fein gemahlene Kokosflocken oder gemahlene Mandeln

1 EL Stärkemehl

1 TL Backpulver

Außerdem

1 Springform à 26 cm Ø

Backpapier für die Form

Puderzucker aus Xylit oder Erythrit

Vorbereitungszeit 1 Stunde
Zubereitungszeit 20 Minuten
Backzeit 35–40 Minuten

Biskuitrolle mit Sahne und Obst

Zutaten für 1 Rolle

Für den Teig

30 g Butter

4 Eier

1 Prise Salz

1 EL Zitronensaft

100 g Vollrohrzucker bzw. Xylit oder 130 g Reissirup bzw. Erythrit

1–2 TL abgeriebene Schale einer Bio-Zitrone

50 g Mehl

50 g Stärkemehl

1 TL Backpulver

Für die Füllung

500–600 g saftige Früchte der Saison (Erdbeeren, Himbeeren, Johannisbeeren, Heidelbeeren, Ananas)

400 g Sahne

1–2 EL Kokosblüten-, Ahorn- bzw. Reissirup

Außerdem

Backpapier

1 frisches Geschirrtuch zum Aufrollen

Puderzucker aus Xylit

Zubereitungszeit 30 Minuten

Backzeit 10–15 Minuten

1. Backofen auf 180 °C (Umluft 160 °C, Gas Stufe 2–3) vorheizen. Ein Backblech mit Backpapier auslegen.

2. Für den Teig die Butter zerlassen und abkühlen lassen. Eier mit 4 Esslöffeln heißem Wasser, 1 Prise Salz und Zitronensaft cremig schlagen. Süßungsmittel einrühren. So lange weiterrühren, bis die Masse dickschaumig ist. Zitronenschale zur Masse geben. Mehl, Stärkemehl und Backpulver vermengen und mit einem Schneebesen unter die Eimasse heben. Die flüssige Butter einrühren.

3. Die Biskuitmasse auf das Backblech streichen und auf der mittleren Schiene des Backofens in 10 bis 15 Minuten goldbraun backen. Die Teigplatte soll an der Oberfläche trocken und an den Rändern noch weich sein. Sie ist fertig, wenn die Oberfläche auf Druck elastisch nachgibt.

4. Ein Geschirrtuch auslegen. Die Teigplatte an den Rändern vom Backblech lösen, auf das Tuch stürzen und mit dem Blech bedeckt einige Minuten auskühlen lassen. Das Blech abnehmen, das Papier abziehen, das Tuch an einer Längsseite anheben und die Teigplatte aufrollen. Abkühlen lassen.

5. Für die Füllung die Früchte nach Bedarf putzen und klein schneiden. 12 schöne Stücke beiseitelegen. Sahne steif schlagen und je nach Süße der Früchte noch mit 1 bis 2 Esslöffeln Süßungsmittel süßen. 3 bis 4 Esslöffel Sahne in einen kleinen Spritzbeutel füllen und in den Kühlschrank legen.

6. Die Teigrolle wieder öffnen und die Sahne aufstreichen. Die Früchte darauf verteilen und leicht eindrücken. Die Rolle wieder aufrollen und mit der Nahtstelle nach unten auf eine Kuchenplatte legen. Kleine Tupfen Sahne auf die Oberseite der Rolle spritzen. Mit Obst und Puderzucker garnieren.

Mallorquinische Mandeltorte

GLUTENFREI

Zutaten für 1 Kuchen

6 Eier

110 g Kokosblütenzucker bzw. Vollrohrzucker

110 g Xylit

300 g fein gemahlene Mandeln

1 TL Zimtpulver

1–2 TL abgeriebene Schale einer Bio-Zitrone

einige Tropfen Bittermandelaroma, nach Belieben

Außerdem

1 Springform à 26 cm Ø

Backpapier

Puderzucker aus Xylit oder Erythrit

Zubereitungszeit 20 Minuten

Backzeit 45–50 Minuten

1. Eier schaumig schlagen, beide Süßungsmittel einrühren und weiterschlagen, bis sie sich gelöst haben.

2. Den Backofen auf 180 °C (Umluft 160 °C, Gas Stufe 2–3) vorheizen. Backpapier in eine Springform einspannen.

3. Die gemahlenen Mandeln mit Zimt, Zitronenschale und Bittermandelaroma vermischen und löffelweise unter die Eimasse heben.

4. Den Teig in die Springform gleiten lassen. Die Form auf die mittlere Schiene des heißen Backofens schieben und den Kuchen in etwa 50 Minuten goldbraun backen.

5. Den Kuchen einige Minuten in der Form abkühlen lassen. Mit einem scharfen Messer vom Springformrand lösen, aus der Form nehmen und auf einem Kuchengitter auskühlen lassen. Mit etwas Puderzucker bestäuben.

Tipp Damit der Kuchen bei Verwendung von Vollrohrzucker nicht zu dunkel wird, empfehle ich die Mischung mit den hellen Sorten wie Xylit oder Erythrit.

Saftiger Eierlikörkuchen

1. Den Backofen auf 180 °C (Umluft 160 °C, Gas Stufe 2–3) vorheizen. Eine Springform einfetten oder mit Backpapier auslegen.

2. Butter in einem kleinen Topf zerlassen. Beiseitestellen und etwas abkühlen lassen.

3. Eier mit 3 Esslöffeln heißem Wasser cremig aufschlagen. Das Süßungsmittel nach und nach dazugeben und so lange schlagen, bis es sich gelöst hat. Die lauwarme Butter, die Vanille und den Eierlikör in die Eimasse rühren.

4. Mehl, Kartoffelmehl und Backpulver vermischen und zügig unter die Ei-Butter-Masse rühren. Der Teig ist relativ flüssig.

5. Teig in die Form füllen, die Schokostreusel darüberstreuen und den Kuchen auf der unteren oder mittleren Schiene des Backofens in 40 bis 50 Minuten goldbraun backen.

6. Den Kuchen aus dem Backofen holen und einige Minuten in der Form abkühlen lassen. Mit einem scharfen Messer vom Springformrand lösen, aus der Form nehmen und auf einem Kuchengitter auskühlen lassen.

Tipp Das Mehl können Sie teilweise auch durch gemahlene Haselnüsse oder Mandeln ersetzen.

Tipp In diese saftige Teigmasse passen auch gut einige Beeren oder klein geschnittene Fruchtstücke.

Zutaten für 1 Kuchen

250 g Butter
4 Eier
130 g Xylit oder 180 g Erythrit bzw. Isomaltulose
1 TL gemahlene Vanille
250 g Eierlikör
100 g Mehl
100 g Kartoffelmehl
3 TL Backpulver
2–3 TL Schokostreusel, zartbitter

Außerdem
1 Springform à 26 cm Ø
Butter oder Backpapier

Zubereitungszeit 20 Minuten
Backzeit 40–50 Minuten

Muffins, Kleingebäck & Waffeln

Muffins mit Saisonfrüchten

Zutaten für 12 Stück

60 g Butter

200 g Früchte (Johannisbeeren, Kirschen, Rhabarber, Zwetschgen, Äpfel)

1 Möhre (ca. 60 g)

120 g Mehl

2 TL Backpulver

70 g Vollrohrzucker bzw. Xylit oder 100 g Erythrit bzw. Isomaltulose

1 Ei

3 EL Sahne

2–4 EL Rum oder Wasser

Bittermandel- und/oder Zitronenaroma nach Belieben

Außerdem

12 Portions-Muffinförmchen (Papier oder Silikon)

Butter für die Silikonförmchen

Zubereitungszeit 20 Minuten

Backzeit 25–30 Minuten

1. Die Butter zerlassen und leicht abkühlen lassen.

2. Obst waschen, putzen und nach Bedarf entkernen. Größere Früchte klein schneiden. Möhre schälen und fein raspeln.

3. Mehl, Backpulver und Süßungsmittel in einer Schüssel vermischen. Eine Vertiefung darin formen.

4. Ei, flüssige Butter und Sahne verrühren. Die Mischung in die Vertiefung der trockenen Zutaten geben und alles zu einem Teig verrühren. Dieser soll geschmeidig sein und leicht vom Löffel gleiten, ansonsten noch etwas Rum oder Wasser dazugeben. Die Früchte in den Teig einrühren und Bittermandel- oder Zitronenaroma nach Belieben dazugeben.

5. Den Backofen auf 180 °C (Umluft 160 °C, Gas Stufe 2–3) vorheizen. Muffinförmchen auf ein Backblech oder in eine Muffinform mit zwölf Mulden stellen.

6. Den Teig mit einem Löffel so in die Muffinförmchen gleiten lassen, dass diese nur zu maximal drei Viertel ihrer Höhe gefüllt werden. Die Förmchen auf die mittlere Schiene des Backofens stellen und die Muffins in 25 bis 30 Minuten goldbraun backen.

Variante Bereiten Sie die Muffins mit weichen bzw. eingeweichten Trockenfrüchten (Aprikosen, Datteln oder Pflaumen) zu. Dafür 100 Gramm Früchte würfeln und unter den Teig mischen. Zudem können Sie die Hälfte des Mehls durch Mandelmehl oder gemahlene Nüsse ersetzen.

Tipp Papierförmchen sind sehr praktisch. Ebenso jene aus Silikon, die man nur fetten muss, wenn sie nur mit heißem Wasser (ohne Spülmittel) gewaschen werden.

Apfel-Zimt-Muffins mit Walnüssen

1. Die Butter zerlassen und leicht abkühlen lassen. Apfel waschen, entkernen und mit Schale mittelgrob raspeln.

2. Mehl, Backpulver, Süßungsmittel und Walnüsse in einer Schüssel vermischen. Eine Vertiefung darin formen.

3. Ei, flüssige Butter, Sahne und Zimt verrühren. Die Mischung in die Vertiefung der trockenen Zutaten geben und alles zu einem Teig verrühren. Dieser soll geschmeidig sein und leicht vom Löffel gleiten, ansonsten noch etwas Rum oder Wasser dazugeben. Die Apfelraspel mit Zitronenschale und Zitronensaft in den Teig einrühren.

4. Den Backofen auf 180 °C (Umluft 160 °C, Gas Stufe 2–3) vorheizen. Muffinförmchen auf ein Backblech oder in eine Muffinform mit zwölf Mulden stellen.

5. Den Teig mit einem Löffel so in die Muffinförmchen gleiten lassen, dass diese nur zu maximal drei Viertel ihrer Höhe gefüllt werden. Die Förmchen auf die mittlere Schiene des Backofens stellen und die Muffins in 25 bis 30 Minuten goldbraun backen.

6. Für die Glasur Puderzucker und Zimt mit etwas Rum, Wasser oder Apfelsaft anrühren und die erkalteten Muffins damit bestreichen.

Tipp *Für dieses Rezept passen feinsäuerliche aromatische Apfelsorten, wie z.B. Elstar, Jonagold, Cox Orange, Braeburn oder Rubinette.*

Zutaten für 12 Stück

60 g Butter
1 kleiner Apfel
120 g Mehl
1 TL Backpulver
50 g Vollrohrzucker bzw. Xylit oder 70 g Ahorn- bzw. Reissirup, Erythrit
50 g Walnusskerne, grob gebrochen
1 Ei
3–4 EL Sahne
1–2 TL Zimtpulver
2–4 EL Rum oder Wasser
1 TL abgeriebene Schale einer Bio-Zitrone
1 EL Zitronensaft

Für die Glasur
1 EL Puderzucker aus Xylit oder Erythrit
1 TL Zimtpulver
1–2 EL Rum, Wasser oder Apfelsaft

Außerdem
12 Portions-Muffinförmchen (Papier oder Silikon)

Zubereitungszeit 20 Minuten

Backzeit 25–30 Minuten

Schokomuffins

GLUTENFREI (MIT STÄRKEMEHL)

Zutaten für 10 Stück

60 g Butter

60 g Sahne

100 g bittere Schokolade ohne Zucker (z.B. Xylit Schoko-Drops) oder bittere Kuvertüre (mind. 70 % Kakao)

2 TL gemahlene Vanille

2 Eier

1 Prise Salz

60 g Xylit oder 80 g Reissirup bzw. Erythrit

2 EL Mehl oder Stärkemehl

1 EL Orangenlikör (z.B. Cointreau) oder 1 TL getrocknete Orangenschale

Außerdem

10 Portions-Muffinförmchen (Papier oder Silikon)

Zubereitungszeit 20 Minuten

Backzeit 30–35 Minuten

1. Die Butter mit der Sahne erhitzen und kurz aufkochen lassen. Die Schokolade in Stücke zerteilen und in eine Rührschüssel geben. Die heiße Butter-Sahne-Mischung über die Schokolade gießen und so lange rühren, bis die Schokolade geschmolzen ist. Vanille dazugeben und unterrühren. Die Masse leicht abkühlen lassen.

2. Den Backofen auf 160 °C (Umluft 140 °C, Gas Stufe 2) vorheizen. Muffinförmchen auf ein Backblech oder in eine Muffinform mit zwölf Mulden stellen.

3. Eier mit Salz und Süßungsmittel steif schlagen. Mehl oder Stärkemehl und die Schokoladenmasse vorsichtig unterheben. Orangenlikör oder Orangenschale dazugeben.

4. Die Masse so in die Förmchen geben, dass diese nur maximal zu drei Viertel ihrer Höhe gefüllt werden. Die Förmchen auf die mittlere Schiene des Backofens stellen und die Muffins in 30 bis 35 Minuten backen.

Tipp *Diese schokoladigen kleinen Kuchen schmecken sehr gut mit Sahne oder Vanilleeis, garniert mit Johannisbeeren, Mandarinen-, Orangen-, Erdbeer- oder Mangostückchen.*

Zimtschnecken

Zutaten für etwa 25 Stück

Für den Teig

225 ml lauwarme Milch

40 g frische Hefe

75 g Vollrohrzucker, Kokosblütenzucker bzw. Ahornsirup

1 Prise Salz

1 Ei

500 g Mehl

2 TL abgeriebene Schale
einer Bio-Zitrone

60 g weiche Butter

Für die Füllung

2 EL Butter

50 g Rosinen oder getrocknete
Aprikosen

4–5 EL Vollrohrzucker, Kokosblütenzucker bzw. Xylit

1–2 TL Zimtpulver

Für die Glasur

1 EL Puderzucker aus Xylit oder
Erythrit

1 TL Zimtpulver

1–2 EL Sahne

1–2 EL Rum, Wasser oder
Apfelsaft

Außerdem

Backpapier

Zubereitungszeit 30 Minuten

Backzeit 25–30 Minuten

1. Für den Teig Milch, Hefe, Süßungsmittel, Salz und Ei verrühren. Das Mehl und die Zitronenschale unterrühren.
Die Butter in Stückchen dazugeben und alles zu einem geschmeidigen, nicht zu weichen Teig verarbeiten. Er soll
glänzen und sich vom Schüsselrand ablösen, ansonsten
noch 1 bis 2 Esslöffel Mehl einarbeiten.

2. Den Teig zu einer Kugel formen, mit Mehl bestäuben und
zugedeckt etwa 25 Minuten gehen lassen, bis sich das Volumen verdoppelt hat. Backblech mit Backpapier auslegen.

3. Für die Füllung die Butter zerlassen und etwas abkühlen lassen. Die Rosinen oder Aprikosen mit kochendem Wasser
überbrühen und kurz darin ziehen lassen. Das Wasser abgießen und die Früchte etwas trocknen lassen. Die Aprikosen würfeln. Zucker und Zimt miteinander vermischen.

4. Den Teig kurz durchkneten und auf einer bemehlten Arbeitsfläche zu einem etwa ½ Zentimeter dicken Rechteck
auswellen. Mit der zerlassenen Butter bestreichen und mit
den Früchten und der Zimt-Zucker-Mischung bestreuen.

5. Den Backofen zunächst auf 50 °C einstellen. Die Teigplatte
von der Längsseite her aufrollen. In 2 bis 3 Zentimeter breite
Stücke schneiden und diese im Abstand von etwa 5 Zentimeter auf das Backblech setzen. Die Schnecken 5 bis 10 Minuten im Backofen gehen lassen. Die Temperatur auf 200 °C
(Umluft 180 °C, Gas Stufe 3–4) stellen und das Gebäck in
25 bis 30 Minuten goldbraun backen. Auskühlen lassen.

6. Für die Zimtglasur Süßungsmittel mit Zimt, Sahne und
Flüssigkeit zu einer Paste verrühren. Die warmen Schnecken damit bestreichen.

Beerenmuffins

GLUTENFREI (MIT STÄRKEMEHL)

Zutaten für 12 Stück

125 g Butter

150 g Beeren (Heidelbeeren, Johannisbeeren oder getrocknete Cranberrys)

2 Eier

Saft und Schale einer Bio-Zitrone

100 g Vollrohr- bzw. Kokosblüten-zucker oder 140 g Erythrit bzw. Reissirup

100 g gemahlene Mandeln oder gemahlene Haselnüsse

2 EL Mehl oder Stärkemehl

Außerdem

12 Portions-Muffinförmchen (Papier oder Silikon)

Zubereitungszeit 20 Minuten

Backzeit 10–15 Minuten

1. Die Butter zerlassen und leicht abkühlen lassen.

2. Frische Beeren waschen und abtropfen lassen. Getrocknete Beeren mit heißem Wasser übergießen und einige Minuten quellen lassen.

3. Den Backofen auf 180 °C (Umluft 160 °C, Gas Stufe 2–3) vorheizen. Muffinförmchen auf ein Backblech oder in eine Muffinform mit zwölf Mulden stellen.

4. Die Eier mit 2 Esslöffeln heißem Wasser und Zitronensaft steif schlagen. Das Süßungsmittel und die Zitronenschale einrühren und noch 1 bis 2 Minuten weiterrühren. Die gemahlenen Nüsse oder Mandeln mit dem Mehl oder Stärkemehl vermischen und unter die Eimasse heben. Die Früchte unter den Teig heben.

5. Den Teig mit einem Löffel so in die Förmchen gleiten lassen, dass diese nur zu zwei Drittel ihrer Höhe gefüllt werden. Die Förmchen auf die mittlere Schiene des Backofens stellen und die Muffins 10 bis 15 Minuten backen.

Tipp Statt geschmolzener Butter können Sie auch Raps-öl verwenden.

Frühstücksmuffins

1. Die Butter zerlassen und leicht abkühlen lassen.

2. Rosinen mit kochendem Wasser überbrühen und einige Minuten ziehen lassen. Möhre waschen, putzen und fein raspeln.

3. Mehl, Backpulver und Süßungsmittel in einer Schüssel vermischen. Eine Vertiefung darin formen.

4. Ei, flüssige Butter und Sahne verrühren. Die Mischung in die Vertiefung der trockenen Zutaten geben und alles zu einem Teig verrühren. Dieser soll geschmeidig sein und leicht vom Löffel gleiten, ansonsten noch 2 bis 4 Esslöffel Wasser dazugeben. Die Möhrenraspel in den Teig einrühren. Rosinen abgießen und unter den Teig mischen.

5. Den Backofen auf 180 °C (Umluft 160 °C, Gas Stufe 2–3) vorheizen. Muffinförmchen auf ein Backblech oder in eine Muffinform mit zwölf Mulden stellen.

6. Den Teig mit einem Löffel so in die Muffinförmchen gleiten lassen, dass diese nur zu maximal drei Viertel ihrer Höhe gefüllt werden. Die Förmchen auf die mittlere Schiene des Backofens stellen und die Muffins in 25 bis 30 Minuten goldbraun backen.

Tipp *Sehr gut passen in diese Muffins zusätzlich auch 10 bis 20 Gramm Sonnenblumenkerne oder grob gehackte Walnüsse, die vor dem Untermischen noch in Butter leicht geröstet werden.*

Zutaten für 12 Stück

60 g Butter
50 g Rosinen
1 Möhre (100 g)
120 g Mehl
2 TL Backpulver
50 g Vollrohrzucker bzw. Xylit oder
70 g Erythrit bzw. Isomaltulose
1 Ei
3 EL Sahne

Außerdem

10–12 Portions-Muffinförmchen
(Papier oder Silikon)

Zubereitungszeit 20 Minuten
Backzeit 25–30 Minuten

Apfeltaschen

1. Die Teigplatten nebeneinander legen und in 10 bis 15 Minuten auftauen lassen.

2. Äpfel waschen, schälen, vierteln und das Kerngehäuse entfernen. Die Apfelviertel auf der Außenseite längs einschneiden, aber nicht ganz durchschneiden. Mit Zitronensaft und Rum vermischen und einige Minuten ziehen lassen.

3. Den Backofen auf 220 °C (Umluft 200 °C, Gas Stufe 4–5) vorheizen. Ein Backblech mit Backpapier auslegen.

4. Rosinen mit etwas kochendem Wasser überbrühen. Nüsse grob hacken oder fein reiben. Zucker und Zimt vermischen.

5. Die Teigstücke zu einer Fläche von etwa 15 x 15 Zentimeter auswellen. Rosinen abgießen. Nüsse und Rosinen auf einer Teighälfte verteilen und je zwei Apfelviertel nebeneinander daraufsetzen. Mit Zimtzucker bestreuen. Die andere Seite des Teiges im Abstand von 1 Zentimeter streifenförmig einschneiden, aber nicht bis zum Rand durchschneiden. Diese Teighälfte als Deckel über die Äpfel klappen und die Ränder zusammendrücken.

6. Die Teigtaschen auf das Backblech legen und auf der mittleren Schiene des Backofens 20 bis 25 Minuten backen.

Info Dies ist ein schnelles Rezept mit Fertigteig, ideal, wenn sich überraschend Besuch angesagt hat. Servieren Sie die Apfeltaschen noch lauwarm als Dessert und reichen dazu die Apfel-Zabaione von Seite 110.

Variante Äpfel in feine Scheiben schneiden, mit Nüssen und Rosinen vermischen und auf dem Teig verteilen.

Zutaten für 4 Stück

250 g bzw. 4 Platten TK-Blätterteig oder Mürbteig
2 säuerlich-aromatische Äpfel (z. B. Elstar oder Jonagold)
1 EL Zitronensaft
2 EL Rum oder einige Tropfen Rumaroma mit Wasser
2 EL Rosinen oder Sultaninen
30 g beliebige Nüsse
1 EL Vollrohrzucker
1 Prise Zimtpulver

Außerdem
Backpapier

Zubereitungszeit 30 Minuten
Backzeit 20–25 Minuten

Florentiner

Zutaten für etwa 50 Stück

Für die Masse

50 g Orangeat

50 g Zitronat

30 g Butter

200 g Sahne

50 g Vollrohrzucker bzw. Kokosblütenzucker

150 g Mandelblättchen

½ TL gemahlene Vanille

30 g Mehl

Zum Garnieren

1 Päckchen Schokoglasur zartbitter

Außerdem

Backpapier

Zubereitungszeit 30 Minuten

Backzeit 10–15 Minuten

1. Für die Masse Orangeat und Zitronat fein würfeln.

2. Die Butter in einem kleinen Topf zerlassen. Sahne und Süßungsmittel dazugeben und unter Rühren aufkochen. Mandelblättchen, Vanille, Zitronat und Orangeat dazugeben und 3 bis 4 Minuten bei schwacher Hitze mitkochen lassen. Das Mehl darüberstäuben und einrühren.

3. Den Backofen auf 220 °C (Umluft 200 °C, Gas Stufe 4–5) vorheizen. Ein Backblech mit Backpapier auslegen.

4. Mit zwei Teelöffeln kleine Häufchen Teig mit etwa 5 Zentimeter Abstand auf das Backblech setzen und flach streichen. Das Backblech auf die mittlere Schiene des Backofens schieben und die Florentiner 10 bis 15 Minuten backen, bis sie sich an den Rändern leicht braun färben. Wenn sie zu dunkelbraun werden, sofort aus dem Backofen nehmen.

5. Die Florentiner auf dem Backblech auskühlen lassen, bis sie fest sind.

6. Die Glasur schmelzen und die Unterseite der Plätzchen damit bestreichen.

Tipp Die Plätzchen in eine Dose schichten und im Kühlschrank aufbewahren.

Tipp Wenn Sie nur ein Backblech haben, ziehen Sie die Plätzchen nach dem Backen einfach mit dem Backpapier vom Backblech und lassen Sie sie auskühlen. Während die erste Lage im Backofen ist, können Sie die Plätzchenportionen schon auf das zweite Backpapier setzen und dieses dann auf das leere Backblech ziehen.

Orangen-Schoko-Plätzchen

1. Mehl mit Backpulver, Süßungsmittel und Vanille in einer Schüssel vermischen.

2. Orange heiß abwaschen, abtrocknen und die Schale dünn auf die Mehlmischung reiben. Das Ei dazugeben. Die Butter in Stückchen daraufsetzen. Alles zu einem Teig verkneten.

3. Schokolade auf einem großen Brett mit einem scharfen schweren Messer in kleine Stücke schneiden bzw. hacken. Die Schokoladenstückchen in den Teig einarbeiten.

4. Aus dem Teig Rollen à etwa 3 Zentimeter Durchmesser formen. Die Rollen auf ein Brettchen legen, mit Frischhaltefolie bedecken und mit einem zweiten Brett etwas flach drücken. Den Teig für etwa 1 Stunde kalt stellen.

5. Backofen auf 180 °C (Umluft 160 °C, Gas Stufe 2–3) vorheizen. Ein Backblech mit Backpapier auslegen.

6. Die Teigstücke in 5 bis 6 Millimeter dicke Scheiben schneiden und diese mit 1 Zentimeter Abstand auf das Backblech legen.

7. Das Backblech auf die mittlere Schiene des Backofens schieben und die Plätzchen 15 bis 20 Minuten backen, bis die Ränder leicht gebräunt sind. Die warmen Plätzchen auf ein Kuchengitter geben und auskühlen lassen.

Variante Zusätzlich passen in diesen Teig auch noch 125 Gramm gemahlene Nüsse.

Tipp Wenn Sie die Schokolade nicht selbst hacken wollen, können Sie auch zartbittere Schokoblättchen verwenden.

Zutaten für etwa 60 Stück

250 g Mehl
1 gestrichener TL Backpulver
100 g Vollrohrzucker bzw. Kokosblütenzucker oder 140 g Isomaltulose
1 TL gemahlene Vanille
1 Bio-Orange oder
5 TL getrocknete Orangenschale
1 Ei
125 g kühle Butter
100 g Zartbitter-Schokolade oder Schokoblättchen

Außerdem
Frischhaltefolie
Backpapier

Zubereitungszeit 20 Minuten
Kühlzeit 1 Stunde
Backzeit 15–20 Minuten

61

Mandel-Hafer-Kekse

1. Für den Teig die Butter mit Süßungsmittel, Vanille, Salz, Sahne oder Milch und Mandellikör cremig rühren. Mandeln, Haferflocken und Mehl dazugeben und unterkneten.

2. Aus der Masse zwei Rollen à 2 bis 3 Zentimeter Durchmesser formen. Die Rollen auf ein Brettchen legen, mit Frischhaltefolie abdecken und für mindestens 30 Minuten im Kühlschrank ruhen lassen.

3. Den Backofen auf 180 °C (Umluft 160 °C, Gas Stufe 2–3) vorheizen. Ein Backblech mit Backpapier auslegen.

4. Die Teigrollen in 5 bis 6 Millimeter dicke Scheiben schneiden und diese im Abstand von 2 Zentimeter auf das Backblech legen.

5. Die Plätzchen mit der Sahne bestreichen und jeweils eine Mandel in die Mitte drücken.

6. Das Backblech auf die mittlere Schiene des Backofens schieben und die Mandelplätzchen 12 bis 15 Minuten backen, bis sich die Ränder leicht zu bräunen beginnen.

Tipp Statt Mandellikör können Sie auch einige Tropfen Bittermandelaroma mit wenig Wasser zum Aromatisieren verwenden.

Zutaten für etwa 60 Stück

Für den Teig
100 g weiche Butter
100 g Vollrohrzucker bzw. Kokosblütenzucker
½ TL gemahlene Vanille
1 Prise Salz
2 EL Sahne oder Milch
2 EL Mandellikör (z.B. Amaretto)
25 g gemahlene Mandeln
100 g feine Haferflocken
100 g Mehl

Zum Bestreichen
3 EL Sahne

Zum Belegen
ca. 50 g (60 Stück) Mandeln, ungeschält oder geschält

Außerdem
Frischhaltefolie
Backpapier

Zubereitungszeit 30 Minuten
Ruhezeit 30 Minuten
Backzeit 12–15 Minuten

Cantuccini

Zutaten für etwa 50 Stück

10 g Butter

125 g Mandeln, ungeschält oder geschält

2 Eiweiß

1 Prise Salz

175 g feiner Vollrohrzucker, gesiebt oder gemahlen

1 Eigelb

1 TL gemahlene Vanille

2 TL abgeriebene Schale einer Bio-Zitrone oder Bio-Orange

250 g Mehl

½ Päckchen Backpulver

Außerdem

Backpapier

Zubereitungszeit 40 Minuten

Backzeit 40–45 Minuten

1. Butter erhitzen und die Mandeln darin unter Rühren rösten. Abkühlen lassen. Die gerösteten Mandeln grob hacken.

2. Den Backofen auf 180 °C (Umluft 160 °C, Gas Stufe 2–3) vorheizen. Ein Backblech mit Backpapier auslegen.

3. Eiweiß mit 1 Prise Salz zu Eischnee steif schlagen. Zucker dazugeben und 2 bis 3 Minuten unterrühren. Eigelb, Vanille und Zitronen- oder Orangenschale einrühren.

4. Mehl und Backpulver vermischen. Die Mehlmischung und die Mandelstücke unter die Schaummasse heben.

5. Den Teig zu 3 bis 4 Zentimeter dicken Rollen formen, diese auf das Backblech setzen und mit einem Brett leicht flach drücken.

6. Das Backblech auf die mittlere Schiene in den Backofen setzen und die Teigstränge in etwa 25 Minuten goldgelb backen.

7. Das Backblech aus dem Backofen nehmen und die gebackenen Rollen noch warm in 1 Zentimeter breite schräge Scheiben schneiden. Diese mit der Schnittfläche auf das Backblech legen und weitere 15 bis 20 Minuten backen.

Tipp *Damit die Mandelkekse schön knusprig bleiben, sollten sie immer dicht verschlossen in Dosen oder Gläsern aufbewahrt werden.*

Info *Cantuccini sind die klassischen Mandelkekse aus der Toskana, die so knusprig sind, dass man sie am besten in Kaffee, Tee, Vin Santo oder anderen Süßwein taucht. Diese harten Kekse lassen sich gut aufbewahren.*

Amaretti

1. Eier oder Eiweiß mit 2 Esslöffeln heißem Wasser und 1 Prise Salz zu Eischnee steif schlagen. Das Süßungsmittel nach und nach dazugeben und weiterrühren, bis die Masse fest und cremig ist.

2. Mandeln, Bittermandelaroma oder Mandellikör, Zitronenschale sowie Vanille und Zimt unterheben. Wenn die Creme noch zu flüssig sein sollte, geringe Mengen an Mandel- oder Kokosmehl vorsichtig unterheben. Die Konsistenz ist dann richtig, wenn die Masse cremig, aber nicht mehr flüssig ist.

3. Den Backofen auf 160 °C (Umluft 140 °C, Gas Stufe 1–2) vorheizen. Ein Backblech mit Backpapier auslegen.

4. Mit zwei Teelöffeln, einer Gebäckspritze oder einem Spritzbeutel 2 bis 3 Zentimeter große Teighäufchen auf das Backblech spritzen oder setzen.

5. Das Backblech auf die mittlere Schiene des Backofens stellen und die Makronen 25 bis 30 Minuten backen. Sie sollen innen noch leicht feucht sein.

Variante Dieses Rezept können Sie auch mit geriebenen Haselnüssen oder Walnüssen zubereiten.

Tipp Ob Sie 2 Eier oder 3 Eiweiß verwenden wollen, bleibt Ihnen überlassen. Das Rezept gelingt mit beidem. Manchmal hat man Eiweiß übrig in der Küche, dann kann man es für dieses Rezept gut verwenden, ansonsten nimmt man eben ganze Eier.

Zutaten für etwa 60 Stück

2 Eier oder 3 Eiweiß

1 Prise Salz

125 g Kokosblütenzucker bzw. feiner Xylit oder 175 g Erythrit, fein gemahlen

250 g gemahlene Mandeln

6 Tropfen Bittermandelaroma oder 1 EL Mandellikör (z.B. Amaretto)

1 TL abgeriebene Schale einer Bio-Zitrone

½ TL gemahlene Vanille

1 Prise Zimtpulver

1–2 TL Mandel- oder Kokosmehl, je nach Konsistenz der Creme

Außerdem

Backpapier

Zubereitungszeit 40 Minuten

Backzeit 25–30 Minuten

Knusprige Kokoskekse

Zutaten für etwa 80 Stück

100 g weiche Butter
100 g Vollrohrzucker bzw. Kokosblütenzucker oder 150 g Isomaltulose
1 TL gemahlene Vanille
2–3 Tropfen Bittermandelaroma
1 Ei
150 g Kokosflocken, fein gerieben
100 g Mehl
1 gestrichener TL Backpulver
Außerdem:
Backpapier

Zubereitungszeit 25 Minuten
Kühlzeit 1 ½ Stunden
Backzeit 20–25 Minuten

1. Die Butter mit dem Süßungsmittel cremig rühren. Vanille, Bittermandelaroma und Ei einrühren. Kokosflocken dazugeben. Mehl und Backpulver vermischen und einrühren. Den Teig etwa 30 Minuten kühl stellen, damit er nicht mehr klebt.

2. Den Teig zu Rollen à 3 bis 4 Zentimeter Durchmesser formen. Die Rollen auf einen Teller legen, mit Frischhaltefolie bedecken und noch etwa 1 Stunde kühl stellen.

3. Den Backofen auf 180 °C (Umluft 160 °C, Gas Stufe 2–3) vorheizen. Ein Backblech mit Backpapier auslegen.

4. Die Teigrollen aus dem Kühlschrank nehmen und in 5 bis 7 Millimeter dicke Scheiben schneiden. Diese mit 1 bis 2 Zentimeter Abstand auf das Backblech legen.

5. Das Backblech auf die mittlere Schiene des Backofens schieben und die Kekse in 20 bis 25 Minuten goldbraun backen.

Tipp Diese Kekse schmecken das ganze Jahr, ob zum Eis oder als kleine Begleitung zum Espresso oder Tee. Sie halten sich am besten in einer Dose oder Plastikbox mit Deckel schön knusprig frisch.

Info Backaromen werden allgemein auch Backöle genannt – so auch das Bittermandelaroma, das einst unter dem Namen Bittermandelöl verkauft wurde.

Kokosmakronen

GLUTENFREI

Zutaten für 50 Stück

Für den Teig

200 g Kokosraspel

4 Eiweiß

100 g Xylit bzw. Kokosblütenzucker oder 140 g Erythrit bzw. Isomaltulose

2 TL abgeriebene Schale einer Bio-Zitrone oder Bio-Orange

2 EL Zitronensaft

1 Prise Salz

1 EL Kokos- oder Mandelmehl

Zum Garnieren

1 Päckchen Zartbitter-Kuvertüre, vorzugsweise mit Xylit gesüßt

Außerdem

50 Backoblaten oder Backpapier

Zubereitungszeit 30 Minuten

Abkühlzeit 5–10 Minuten

Backzeit 20–25 Minuten

1. Kokosraspel mit Eiweiß, Süßungsmittel, Zitronen- oder Orangenschale, Zitronensaft, Salz und Kokos- oder Mandelmehl in einen breiten Topf geben und verrühren. Bei mittlerer Hitze etwa 10 Minuten erhitzen, aber nicht kochen (die Masse soll sich heiß anfühlen). Dabei gelegentlich mit einem Rührlöffel über den Topfboden rühren. Die Masse leicht auskühlen lassen. Die Masse sollte weich und geschmeidig sein. Sollte sie noch zu trocken sein (Kokosflocken können unterschiedliche Saugfähigkeit haben) noch 2 bis 3 Esslöffel Wasser einrühren.

2. Backofen auf 160 °C (Umluft 140 °C, Gas Stufe 1–2) vorheizen. Ein Backblech mit Oblaten oder Backpapier auslegen.

3. Mit zwei Teelöffeln kleine Teigportionen formen und auf die Oblaten oder das Backpapier setzen. Das Backblech auf die mittlere Schiene des Backofens schieben und die Makronen 20 bis 25 Minuten backen. Herausnehmen und auf dem Backblech auskühlen lassen.

Info Die Makronenrezepte mit der erhitzten (Fachausdruck: »abgerösteten«) Grundmasse sind besonders unkompliziert und gelingen leicht. Durch dieses Abrösten wird die Masse besonders homogen und das Gebäck schön locker.

Variante In die abgekühlte Masse etwa 50 Gramm Schokostreusel oder -blättchen einrühren. Oder die abgekühlten Makronen zur Hälfte in eine zuckerfreie Schokoglasur tauchen. Die Kokosflocken können Sie auch durch gemahlene Mandeln, Walnüsse oder Haselnüsse ersetzen.

Javaplätzchen

1. Für den Teig das Kaffeepulver in 2 bis 3 Esslöffeln warmem Wasser auflösen. Mehl, Backpulver und Kokosflocken vermischen.

2. Die Butter mit Süßungsmittel und Vanille cremig rühren. Ei und 1 Prise Salz einrühren. Kaffee und Rum einrühren. Die Mehl-Kokos-Mischung in die Creme einrühren. Es soll ein weicher Teig sein.

3. Den Backofen auf 180 °C (Umluft 160 °C, Gas Stufe 2–3) vorheizen. Ein Backblech mit Backpapier auslegen.

4. Aus dem Teig mit zwei Teelöffeln walnussgroße Portionen auf das Backblech setzen. Oder den Teig zu daumendicken Rollen formen, davon walnussgroße Portionen abschneiden, diese zu Kugeln formen, leicht flach drücken und im Abstand von 2 bis 3 Zentimeter auf das Backblech setzen.

5. Das Backblech auf die mittlere Schiene des Backofens schieben und die Plätzchen 12 bis 15 Minuten backen, bis sich die Ränder leicht bräunen. Herausnehmen und auf ein Kuchengitter setzen.

6. Für die Glasur Puderzucker mit dem Rum oder Kaffee verrühren. Die Plätzchen damit bestreichen und je eine Mokkabohne in die Mitte setzen.

GLUTENFREI

Zutaten für 50 Stück

Für den Teig
2 EL Instantkaffee-Pulver
200 g Mehl
1 TL Backpulver
125 g Kokosflocken, fein gemahlen
150 g weiche Butter
100 g Vollrohrzucker bzw. Kokosblütenzucker bzw. Xylit
1 TL gemahlene Vanille
1 Ei
1 Prise Salz
1–2 EL Rum oder Wasser mit ein paar Tropfen Rumaroma

Für die Glasur
50 g Puderzucker aus Xylit
1–2 EL Rum oder Kaffee
100 g (50 Stück) Mokkabohnen

Außerdem
Backpapier

Zubereitungszeit 30 Minuten
Backzeit 12–15 Minuten

Vanillekipferl

1. Für den Teig die Butter mit dem Süßungsmittel cremig rühren. Ei oder Eigelb, Vanille und Salz einrühren und noch 2 bis 3 Minuten rühren.

2. Mehl und gemahlene Mandeln dazugeben und alles zu einem geschmeidigen Teig verarbeiten. Den Teig zu 3 bis 4 Zentimeter dicken Rollen formen, in Frischhaltefolie einschlagen und 30–60 Minuten kühl stellen.

3. Den Backofen auf 180 °C (Umluft 160 °C, Gas Stufe 2–3) vorheizen. Ein Backblech mit Backpapier auslegen.

4. Die Teigrollen in etwa 5 Millimeter dicke Scheiben schneiden. Jede Scheibe längs der Handfläche zu 7 bis 8 Zentimeter langen Rollen formen, die sich nach außen hin verjüngen. Die Rollen zu Hörnchen/Kipferl biegen und auf das Backblech legen.

5. Das Backblech auf die mittlere Schiene des Backofens schieben und die Kipferl in 12 bis 15 Minuten hellbraun backen.

6. Zum Fertigstellen die restlichen Mandeln mit Vanillezucker und Puderzucker vermischen. Die gebackenen Kipferl noch warm in der Mandel-Zucker-Mischung wälzen und auf einem Kuchengitter auskühlen lassen.

Tipp Für die Vanillekipferl können die Mandeln ungeschält oder geschält verwendet werden. Mit geschälten Mandeln werden die Plätzchen etwas heller.

Tipp Gemahlene Vanille wird durch Vermahlen der ganzen Vanilleschote hergestellt. Sie ist ein preiswerter Ersatz der teureren Vanilleschoten.

Zutaten für etwa 50 Stück

Für den Teig
200 g weiche Butter
125 g Vollrohrzucker bzw. Xylit
oder 175 g Erythrit
1 Ei oder 2 Eigelb
2 TL gemahlene Vanille
1 Prise Salz
250 g Mehl
100 g gemahlene Mandeln

Zum Wälzen
50 g gemahlene Mandeln
2 EL Vanillezucker
50 g Puderzucker aus Xylit oder
70 g Puderzucker aus Erythrit

Außerdem
Frischhaltefolie
Backpapier

Zubereitungszeit 40 Minuten
Ruhezeit 30–60 Minuten
Backzeit 12–15 Minuten

Schoko-Nuss-Cookies

Zutaten für etwa 50 Stück

60 g Walnüsse oder andere Nüsse

100 g Zartbitter-Schokolade (mit 50–70 % Kakao) oder Schokoladen-plättchen

125 g weiche Butter

70 g Vollrohrzucker, Kokosblüten-zucker bzw. Xylit oder 100 g Erythrit

1 TL gemahlene Vanille

1 Prise Salz

1 Ei

140 g Mehl

½ TL Backpulver

3–4 EL Rum oder Sahne

Außerdem

Backpapier

Zubereitungszeit 30 Minuten

Backzeit 15–20 Minuten

1. Nüsse und Schokolade grob hacken oder mit einem Mixer fein zerkleinern. Schokoladenplättchen nicht zerkleinern.

2. Butter mit Süßungsmittel, Vanille, Salz und Ei cremig rühren. Mehl mit Backpulver vermischen und mit Nüssen, Schokolade und Rum oder Sahne in die Creme einrühren. Der Teig soll weich und geschmeidig sein.

3. Den Backofen auf 180 °C (Umluft 160 °C, Gas Stufe 2–3) vorheizen. Ein Backblech mit Backpapier auslegen.

4. Aus dem Teig mit zwei Teelöffeln walnussgroße Portionen formen und im Abstand von 3 Zentimeter auf das Back-blech setzen. Das Backblech auf die mittlere Schiene des Backofens schieben und die Cookies 15 bis 20 Minuten ba-cken. Den restlichen Teig auf einem zweiten Backblech plat-zieren und backen.

5. Kekse auf ein Kuchengitter setzen und auskühlen lassen.

Tipp Brauner Zucker mit seinem karamellartigen Ge-schmack ist die klassisch-typische Zutat für diese Plätz-chen. Wenn Sie den Teig mit Xylit oder Erythrit zubereiten, werden die Plätzchen etwas weicher und sind im Ge-schmack etwas neutraler. Sie können auch braunen und hellen Zucker, halb und halb, verwenden.

Variante Diese unkomplizierten Kekse schmecken auch sehr gut, wenn Sie geriebene Orangen- oder Zitro-nenschale oder fein gehackte Trockenfrüchte dazugeben.

Elisenlebkuchen

1. Die Hälfte der Haselnüsse und Mandeln fein reiben. Die restlichen Nüsse, das Zitronat und das Orangeat mittelgrob hacken.

2. Die Eier mit 1 bis 2 Esslöffeln heißem Wasser schaumig schlagen. Salz und Zucker einrühren und weiterschlagen, bis eine dickschaumige Masse entstanden ist. Nelken, Muskat, Zimt und Zitronenschale einrühren. Alle Nüsse sowie Zitronat und Orangeat auf die Masse geben und unterheben.

3. Backofen auf 180 °C (Umluft 160 °C, Gas Stufe 2–3) vorheizen. Ein Backblech mit Oblaten oder Backpapier belegen.

4. Mit zwei Teelöffeln jeweils so viel Masse auf die Oblaten oder das Backblech setzen, dass ein 5 Millimeter breiter Rand bleibt. Das Backblech auf die mittlere Schiene des Backofens schieben und die Elisenlebkuchen 15 bis 20 Minuten backen.

5. Für die Glasur die Kuvertüre in einem heißen Wasserbad schmelzen lassen. Die Glasur streifenförmig über die Lebkuchen laufen lassen oder die Lebkuchen je zur Hälfte mit der Glasur bestreichen. Die Lebkuchen auf einem Kuchengitter auskühlen lassen.

Tipp Ideal geeignet zum Zerkleinern von Nüssen und kandierten Früchten sind die sogenannten Zerkleinerer bzw. Kompakt-Küchenmaschinen, die mit einem großen rotierenden Messer ausgestattet sind.

GLUTENFREI

Zutaten für etwa 40 Stück

125 g Haselnüsse
125 g Mandeln
80 g Zitronat
80 g Orangeat
2 Eier
1 Prise Salz
70 g Vollrohrzucker oder
100 g Kokosblüten-, Ahorn- bzw. Reissirup
¼ TL gemahlene Nelken
¼ TL gemahlene Muskatblüte
¼ TL Zimtpulver
2 TL abgeriebene Schale einer Bio-Zitrone

Für die Glasur

50 g Schokoladenkuvertüre, vorzugsweise mit Xylit

Außerdem

etwa 40 Backoblaten à 7 cm Durchmesser oder Backpapier

Zubereitungszeit 40 Minuten
Backzeit 15–20 Minuten

Haselnusshütchen

1. Für den Teig Mehl und Backpulver in eine Schüssel geben. Süßungsmittel und Zitronenschale untermischen. Eigelb einrühren. Butter in Stückchen zufügen und alles schnell zu einem glatten Teig verkneten. Den Teig zu zwei Kugeln formen, in Frischhaltefolie wickeln und für 30 bis 40 Minuten kühl stellen.

2. Für die Füllung die Haselnüsse reiben oder in einem Zerkleinerer fein zerkleinern. Eiweiß mit 1 Prise Salz und Zitronensaft zu Eischnee steif schlagen. Das Süßungsmittel einrühren und weiterrühren, bis es gelöst ist. Die Nüsse und den Rum unter die Ei-Zucker-Masse heben.

3. Backofen auf 200 °C (Umluft 180 °C, Gas Stufe 3–4) vorheizen. Ein Backblech mit Backpapier auslegen oder fetten.

4. Eine Teigportion auf einer leicht bemehlten Arbeitsfläche zunächst nur ein wenig auswellen, dann ein Stück Frischhaltefolie drauflegen und den Teig 3 bis 4 Millimeter dünn auswellen. Den Teig mit einer Palette von der Arbeitsfläche lösen. Runde Plätzchen ausstechen und diese mit knappem Abstand zueinander auf das Backblech setzen.

5. Mit zwei Teelöffeln haselnussgroße Portionen Nussmasse in die Mitte der Plätzchen setzen. Die Plätzchenränder mit drei Fingern gleichzeitig an drei Seiten zusammen- und leicht festdrücken. In die Mitte je eine Haselnuss setzen. Das Backblech auf die mittlere Schiene des Backofens schieben und die Plätzchen 15 bis 20 Minuten backen, bis die Ränder leicht gebräunt sind. Auf einem Kuchengitter auskühlen lassen. Die zweite Teigportion ebenso verarbeiten.

Zutaten für etwa 80 Stück

Für den Teig
250 g Mehl
½ TL Backpulver
80 g Vollrohrzucker bzw. Kokosblütenzucker
1 TL abgeriebene Schale einer Bio-Zitrone oder getrocknete Zitronenschale
2 Eigelb
125 g kalte Butter

Für die Füllung
70 g Haselnüsse
2 Eiweiß
1 Prise Salz
1 TL Zitronensaft
20 g Xylit oder heller Reissirup
1 TL Rum

Zum Garnieren
ewa 80 Haselnüsse

Außerdem
Frischhaltefolie
Backpapier
Mehl für die Arbeitsfläche
Plätzchenausstecher à 4 Zentimeter Ø mit gewelltem Rand

Zubereitungszeit 50 Minuten
Ruhezeit 30–40 Minuten
Backzeit 15–20 Minuten

Knusperhäufchen

Zutaten für etwa 40 Stück

50 g Sonnenblumenkerne

50 g Mandelstifte

50 g Kürbiskerne

100 g Haferflocken

50 g Zitronat

2 TL abgeriebene Schale
einer Bio-Zitrone

50 g weiche Butter

2 Eier

80 g Erythrit bzw. Reissirup oder
50 g Xylit

Außerdem

Backpapier

Zubereitungszeit 40 Minuten

Backzeit 8–10 Minuten

1. Eine Pfanne ohne Fett erhitzen und die Sonnenblumenkerne darin unter ständigem Rühren leicht rösten. Mandelstifte, Kürbiskerne und Haferflocken dazugeben und kurz mitrösten. Die Pfanne beiseitestellen und die Knuspermasse leicht abkühlen lassen.

2. Zitronat fein würfeln. Zitronenschale, Butter und Zitronat zu den gerösteten Zutaten in der Pfanne geben. Alles gut miteinander vermischen.

3. Den Backofen auf 160 °C (Umluft 140 °C, Gas Stufe 1–2) vorheizen. Ein Backblech mit Backpapier auslegen.

4. Eier mit Süßungsmittel verrühren, bis die Masse cremig ist. Die Knuspermasse in die Eimasse einrühren. Mit zwei Teelöffeln kleine Häufchen mit 1 bis 2 Zentimeter Abstand auf das Backblech setzen.

5. Das Backblech auf die mittlere Schiene des Backofens schieben und die Plätzchen 8 bis 10 Minuten backen.

Variante *Anstelle der Mandelstifte passen auch andere grob gehackte Nuss-Sorten in diesen Teig.*

Apfel-Zimt-Waffeln

1. Für den Teig die Butter mit Süßungsmittel, Vanille, Zimt und Eiern cremig rühren. Mehl mit Backpulver mischen und auf die Masse geben. Die Sahne zufügen und alles gut miteinander verrühren.

2. Den Apfel waschen und mit der Schale bis auf das Kerngehäuse direkt in den Teig raspeln. Den Teig mit Zitronenschale und Rum oder Rumaroma würzen. So viel Apfelsaft einrühren, dass der Teig cremig-flüssig wird und gut in das Waffeleisen gleitet.

3. Ein Waffeleisen auf mittlere Stufe einstellen und mit etwas Kokosöl oder Butter einpinseln. Jeweils einen gehäuften Esslöffel Teig in die Mitte des Waffeleisens setzen. Das Waffeleisen schließen und die Waffeln in 3 bis 4 Minuten goldbraun backen.

4. Die Waffeln mit Puderzucker bestäuben.

Tipp *Für diese Waffeln passen sehr gut feinsäuerlich aromatische Apfelsorten, wie z.B. Jonagold, Braeburn, Cox Orange oder Elstar oder, wenn Sie es etwas säuerlicher mögen, Boskop oder Glockenapfel.*

Zutaten für 8–10 Waffeln

Für den Teig

125 g weiche Butter
50 g Kokosblütenzucker bzw. Xylit oder 70 g Erythrit
1 TL gemahlene Vanille
1 TL Zimtpulver
2 Eier
250 g Mehl
1 TL Backpulver
100 g Sahne
1 großer, aromatischer Apfel (150 g)
1 TL abgeriebene Schale einer Bio-Zitrone
3–4 EL Rum oder einige Tropfen Rumaroma
etwa 250 ml Apfelsaft

Außerdem

1 elektrisches Waffeleisen
Kokosöl oder Butter

Zum Bestäuben

2 TL Puderzucker aus Xylit oder Erythrit

Zubereitungszeit 30 Minuten

Müslischnitten mit Amaranth

1. Trockenfrüchte grob hacken. Mit den Rosinen in eine Schüssel geben, mit etwas kochendem Wasser übergießen und etwa 30 Minuten quellen lassen.

2. Butter zerlassen oder Kokosöl erhitzen und etwas abkühlen lassen. Die Nüsse fein mahlen oder hacken. Eine Pfanne ohne Fett erhitzen und die Sonnenblumen- oder Kürbiskerne darin unter Rühren leicht rösten. Abkühlen lassen.

3. Die eingeweichten Früchte abgießen und in eine Schüssel geben. Mehl, Haferflocken, Backpulver und Zimt vermischen und zu den eingeweichten Früchten geben. Nüsse, Sonnenblumen- oder Kürbiskerne und die Hälfte der Amaranth-Pops dazugeben. Zitronenschale und Zitronensaft mit dem flüssigen Fett unterrühren.

4. Äpfel waschen und mit der Schale bis auf die Kerngehäuse mittelgrob in die Schüssel raspeln. Alles zu einem Teig verrühren, der geschmeidig und weich sein soll – wenn nötig noch Haferflocken oder etwas Zitronensaft dazugeben.

5. Den Backofen auf 180 °C (Umluft 160 °C, Gas Stufe 2–3) vorheizen. Ein Backblech gründlich fetten und den Boden dicht mit Haferflocken als Unterlage bestreuen.

6. Den Teig mit einem nassen Teigschaber etwa 1 Zentimeter dick auf dem Backblech verstreichen. Die restlichen Amaranth-Pops überstreuen. Den Teig auf der mittleren Schiene im Backofen 25 bis 30 Minuten backen. Herausnehmen, 5 Minuten auskühlen lassen und in etwa 6 x 4 Zentimeter große Stücke schneiden. Auskühlen lassen.

Tipp *Amaranth-Pops schmecken nussig aromatisch.*
Statt Amaranth können Sie auch Kokosflocken verwenden.

Zutaten für etwa 36 Stück

100 g Trockenfrüchte (Aprikosen, Datteln, Feigen oder Birnen)

100 g Rosinen

60 g Butter oder Kokosöl (VCO-Qualität)

100 g beliebige Nüsse

50 g Sonnenblumen- oder Kürbiskerne

150 g Mehl

150 g feine Haferflocken

1 gestrichener TL Backpulver

1 TL Zimtpulver

50 g Amaranth-Pops

1 TL abgeriebene Schale einer Bio-Zitrone

1 EL Zitronensaft

2 süße Äpfel (z.B. Gala oder Golden Delicious)

Außerdem

Butter oder Kokosfett

2–3 EL Haferflocken

Zubereitungszeit 50 Minuten

Backzeit 25–30 Minuten

Süße Hauptgerichte

Gratinierter Apfelreis

Zutaten für 4 Portionen

200 g Milchreis oder Risottoreis
750 ml Milch
250 g Sahne
1 Prise Salz
1 Prise gemahlene Vanille
1 Prise Zimtpulver
3 EL Xylit oder 4 EL Reissirup
1 TL abgeriebene Schale
einer Bio-Zitrone
50 g Rosinen
4 säuerliche Äpfel (Boskop, Cox
Orange)
2 EL Mandelblättchen

Außerdem

1 Auflaufform à 30 cm Länge
Butter

Zubereitungszeit 15 Minuten

Garzeit 45–50 Minuten

1. Den Backofen auf 200 °C (Umluft 180 °C, Gas Stufe 3–4) vorheizen. Eine Auflaufform mit Butter ausfetten.

2. Den Reis waschen und in die Auflaufform geben. Milch und Sahne angießen, Salz, Vanille, Zimt, Süßungsmittel, Zitronenschale und Rosinen unter den Reis mischen.

3. Die Äpfel waschen, nach Belieben schälen, vierteln, entkernen und mittelgrob raspeln oder würfeln. Zur Reismischung geben und alles gut verrühren.

4. Die Auflaufform auf die mittlere Schiene des Backofens stellen und den Apfelreis 45 bis 50 Minuten backen und dabei ausquellen lassen. Nach etwa 15 Minuten die Reis-Apfel-Mischung einmal umrühren, damit der Reis gleichmäßig quellen kann.

5. Wenn der Reis fast weich ist, die Mandelblättchen darüber streuen und 5 bis 10 Minuten mitbacken lassen, bis diese goldbraun sind.

Info *Ein Dessert oder süßes Hauptgericht, das kaum Arbeit macht. Als Beilage dazu passt die Vanillesauce von Seite 96 oder auch die Fruchtsauce von Seite 98 oder 112.*

Pancakes mit Ahornsirup

1. Die Butter zerlassen und leicht abkühlen lassen.

2. Die Eier trennen. Eiweiß mit 1 Esslöffel heißem Wasser und dem Süßungsmittel zu Eischnee steif schlagen.

3. Milch und Eigelb verquirlen. Mehl, Backpulver, Salz und Amaranth oder Mandeln vermischen und mit der flüssigen Butter in die Eiermilch einrühren. Eischnee unterheben.

4. In einer beschichteten Pfanne etwas Kokos- oder Butterfett erhitzen und den Teig darin in kleinen Portionen ausbraten. Den Teig auf der ersten Seite braten, bis sich Blasen bilden, dann wenden und auf der zweiten Seite fertig braten.

5. Die Pancakes auf Portionsteller geben und mit einigen Tropfen Ahornsirup garnieren.

Für 4 Portionen

50 g Butter
2 Eier
50 g Xylit oder 70 g Erythrit
125 ml Milch
150 g Mehl
½ TL Backpulver
1 Prise Salz
2–3 TL Amaranth-Pops oder gemahlene Mandeln

Zum Garnieren
2–3 EL Ahornsirup

Außerdem
1 beschichtete Pfanne
Kokosöl oder Butterschmalz

Zubereitungszeit 30 Minuten

Tipp Zusätzlich schmeckt zu den Pancakes auch ein feines Fruchtkompott wie das Birnenkompott von Seite 105 oder ein frisches Apfelpüree. Dafür Äpfel gründlich waschen, vierteln, vom Kerngehäuse befreien und in Stückchen schneiden. Zerkleinerte Äpfel mit etwas Zitronensaft und 1 Tasse Wasser in einen Topf geben und das Ganze etwa 10 bis 15 Minuten kochen lassen, bis die Äpfel zerfallen. Mit einem Mixstab pürieren und nach Belieben noch mit Zitronenschale oder Zimt abschmecken.

Tipp Ich verwende die Äpfel für das Apfelpüree vorzugsweise ungeschält, da die Schale wertvolle Ballaststoffe und sekundäre Pflanzenstoffe enthält. Sie können die Äpfel aber schälen, dann ist das Püree etwas heller und kann mit einem Stampfer zerdrückt werden.

Kürbissoufflé mit Nüssen

Zutaten für 1 Auflaufform

250 g Hokkaido (Kürbis)

100 g getrocknete Aprikosen

2–3 cm frischer Ingwer

2 TL abgeriebene Schale einer Bio-Zitrone oder Bio-Orange

2 El Zitronen- oder Orangensaft

4 EL Mandellikör (z.B. Amaretto), Rum oder Cognac

50 g Butter

40 g Mehl

50 g Vollrohrzucker, Ahorn- oder Reissirup

200 g Sahne

3 Eier

1 Prise Salz

100 g gemahlene Haselnüsse

2 TL Puderzucker aus Xylit oder Erythrit

Außerdem

1 Gratinform à 25–30 cm Länge Butter für die Form

Zubereitungszeit 30 Minuten

Backzeit 20–25 Minuten

1. Kürbis waschen, in grobe Stücke zerteilen und die Kerne entfernen. Das Kürbisfleisch mittelgrob raspeln. Aprikosen fein hacken. Kürbis und Aprikosen in einen Topf geben.

2. Den Ingwer schälen und fein reiben. Ingwer, Schale und Saft von Zitrone oder Orange, Mandellikör, Rum oder Cognac zu den Zutaten in den Topf geben und einrühren. Zugedeckt bei mittlerer Hitze etwa 10 Minuten dünsten.

3. Backofen auf 220 °C (Umluft 200 °C, Gas Stufe 4–5) vorheizen. Etwas Butter in kleinen Stücken in eine Gratinform geben und diese zum Anwärmen in den Backofen stellen.

4. Die Butter in einem Topf erhitzen und Mehl und Süßungsmittel einrühren. 2 bis 3 Minuten unter Rühren leicht karamellisieren lassen, dann die Sahne aufgießen und glattrühren. Die Sauce unter Rühren einkochen lassen, bis sie dickflüssig ist. Leicht abkühlen lassen.

5. Die Eier trennen. Das Eiweiß mit 1 Prise Salz zu Eischnee steif schlagen. Das Eigelb und die Sauce mit der Kürbismasse verrühren. Die Nüsse bis auf einen kleinen Rest dazugeben. Den Eischnee vorsichtig unter die Kürbismasse heben.

6. Die Form aus dem Backofen nehmen. Die Masse einfüllen und die restlichen Nüsse darüber streuen. Die Form zurück auf die mittlere Schiene des Backofens stellen und das Soufflé in 20 bis 25 Minuten goldbraun backen. Mit Puderzucker bestreuen und servieren.

Tipp Als Beilage passt eine schnelle Sauce aus Vanilleeis: Vanilleeis antauen lassen, nach Belieben noch etwas Sahne einrühren und servieren.

Ofenschlupfer

1. Brötchen, Kuchen oder Plätzchen klein schneiden oder grob zerbröseln. Mit Milch übergießen und 10 bis 15 Minuten quellen lassen. Die Rosinen mit kochendem Wasser überbrühen und einige Minuten ziehen lassen.

2. Die Äpfel waschen, mittelgrob raspeln oder stiftelen und mit Zitronensaft und Zitronenschale vermischen. Rosinen abgießen und einrühren.

3. Die Nüsse reiben oder grob hacken und davon 2 Esslöffel beiseitelegen. Die restlichen Nüsse mit Süßungsmittel, Zimt und Rum oder Rumaroma unter die Äpfel mischen.

4. Den Backofen auf 200 °C (Umluft 180 °C, Gas Stufe 3–4) vorheizen. Eine Auflaufform fetten.

5. Die eingeweichten Brötchen oder Kuchenreste mit den Fingern grob zerpflücken, mit der Apfelmasse vermischen und in die Form füllen. Die Sahne mit den Eiern verrühren, über den Auflauf verteilen, einziehen lassen und die Oberfläche glatt streichen. Überprüfen, ob die Masse gut durchfeuchtet ist und gegebenenfalls noch etwas Sahne oder Milch nachgießen. Die Butter in kleinen Flöckchen auf der Oberfläche verteilen und die restlichen Nüsse überstreuen.

6. Den Ofenschlupfer auf der unteren Schiene des Backofens in 30 bis 35 Minuten goldbraun backen, bis die Masse gestockt und die Oberfläche schön gebräunt ist. Den Auflauf noch einige Minuten im abgeschalteten Backofen durchziehen lassen. Warm oder kalt servieren.

Tipp *Dazu passen Apfel-Zabaione (siehe Seite 110), Vanillesauce, geschlagene Sahne oder Walnusseis. Sie können das Rezept auch in kleinen Förmchen zubereiten.*

Zutaten für 4–6 Portionen

5 altbackene Brötchen oder 300 g trockene Rührkuchenreste/Plätzchen

250 ml Milch

40 g Rosinen

500–600 g feinsäuerliche oder säuerliche Äpfel (z.B. Gravensteiner oder Boskop)

2 EL Zitronensaft

2 TL abgeriebene Schale einer Bio-Zitrone

50 g Mandeln oder Haselnüsse

50 g Xylit oder 70 g Ahorn- bzw. Reissirup (bei Verwendung von Kuchen oder Plätzchen entsprechend weniger)

½ TL Zimtpulver

2–3 EL Rum oder einige Tropfen Rumaroma

100 g Sahne

3 Eier

20 g Butter

Außerdem

1 Auflaufform à 25–30 cm Länge Butter für die Form

Zubereitungszeit 30 Minuten

Backzeit 30–35 Minuten

Hirseauflauf mit Nüssen

1. Hirse in einem Sieb heiß abspülen und abtropfen lassen. Mit 200 Milliliter Wasser, Apfelsaft, Zimt und Vanille zum Kochen bringen. Zitronenschale dazugeben. Hirse bei schwacher Hitze zugedeckt in etwa 20 Minuten vorquellen lassen.

2. Den Backofen auf 200 °C (Umluft 180 °C, Gas Stufe 3–4) vorheizen. Eine flache Gratinform fetten.

3. Die Eier trennen. Das Eiweiß mit der Hälfte des Zitronensafts zu Eischnee steif schlagen.

4. Die Äpfel waschen, vierteln und in dünne Scheiben schneiden, dabei das Kernhaus entfernen. Mit dem restlichen Zitronensaft beträufeln.

5. Nüsse grob hacken. Sahne mit Quark, Eigelb und Süßungsmittel verrühren. Diese Mischung und die Hälfte der Nüsse in den Hirsebrei einrühren. Den Eischnee unterheben.

6. Schichtweise Hirsemasse und Äpfel in die Form füllen. Die restlichen Nüsse darüber streuen.

7. Die Form der mittleren Schiene des Backofens stellen und den Auflauf 25 bis 30 Minuten backen, bis die Oberfläche leicht gebräunt ist.

GLUTENFREI

Zutaten für 4 Portionen

200 g Hirse
200 ml Apfelsaft
1 Zimtstange
1 TL gemahlene Vanille
abgeriebene Schale
einer Bio-Zitrone
2 Eier
2 EL Zitronensaft
4 feinsäuerlich-aromatische Äpfel
(z.B. Cox Orange, Braeburn
oder Rubinette)
100 g Haselnüsse, Walnüsse oder
Mandeln
100 g Sahne
100 g Quark
40 g Xylit bzw. Kokosblütenzucker
oder 60 g Erythrit

Außerdem

1 flache Gratinform
à 25–30 cm Länge
Butter für die Form

Zubereitungszeit 25 Minuten

Backzeit 25–30 Minuten

Crêpes mit fruchtiger Sahne

1. Für den Teig Mehl, Eier und Milch verrühren. 1 Prise Salz, Süßungsmittel und die Zitronenschale einrühren. Den Teig einige Minuten quellen lassen.

2. Für die Füllung die Himbeeren in einem Sieb abbrausen und abtropfen lassen. Sahne steif schlagen, mit 1 Teelöffel Süßungsmittel würzen und in den Kühlschrank stellen.

3. In einer beschichteten Pfanne wenig Fett erhitzen. Mit einer Schöpfkelle etwas Teig in die schräg gehaltene Pfanne einlaufen und durch Drehen verlaufen lassen. Bei mittlerer Hitze dünne Pfannkuchen ausbacken.

4. Jeweils 1 Pfannkuchen auf einen Portionsteller legen, etwas Sahne darauf setzen, die Himbeeren darauf verteilen und den Crêpe zusammenklappen.

5. Die Minzeblättchen abspülen und abtropfen lassen. Die Crêpes damit garnieren.

Tipp Statt frischen Früchten passt hier auch gut ein Obstkompott oder der Zwetschgenröster von Seite 104 dazu.

Zutaten für 4 Stück

Für den Teig
60 g Mehl
2 Eier
125 ml Milch
1 Prise Salz
1–2 TL Erythrit bzw. Xylit
1 TL abgeriebene Schale einer Bio-Zitrone

Für die Füllung
250 g Himbeeren
250 g Sahne
1 TL Erythrit bzw. Xylit

Zum Garnieren
Minzeblättchen

Außerdem
1 beschichtete Pfanne
Butterschmalz oder Kokosfett

Zubereitungszeit 30 Minuten

Melasse-Karamell-Reis mit Aprikosen

Zutaten für 4 Portionen

300 g Risotto- bzw. Milchreis

2 TL frischer Ingwer

150 ml Apfelsaft

2 TL abgeriebene Schale einer Bio-Zitrone

1 EL schwarze Melasse

8 Aprikosen

150 g Sahne

50 g Mandelblättchen

Zum Garnieren

1 EL Melassesirup

Zubereitungszeit 50 Minuten

1. Den Reis in einem Sieb heiß abspülen. Den Ingwer schälen und fein hacken.

2. Den Reis mit 150 Milliliter Wasser, Apfelsaft, Zitronenschale, Ingwer und Melasse zum Kochen bringen. Den Reis bei schwacher Hitze zugedeckt in etwa 20 Minuten ausquellen lassen, dabei ab und zu umrühren.

3. Die Aprikosen waschen, achteln, die Steine entfernen und die Achtel rosettenartig auf vier Dessertteller legen.

4. Die Sahne in den Reis einrühren. Den Reis abschmecken und nach Belieben noch mit etwas Melasse nachsüßen.

5. Mit einem Esslöffel von dem Reis Nocken abstechen und auf die Früchte legen.

6. Den Melassesirup mit 1 bis 2 Esslöffeln warmem Wasser glatt rühren und über die Teller träufeln.

7. Eine Pfanne ohne Fett erhitzen und die Mandelblättchen darin goldbraun rösten. Die gerösteten Mandelblättchen über die Teller streuen.

Tipp *Dazu passt auch gut eine Kugel Vanilleeis.*

Salzburger Nockerln

1. Backofen auf 180 °C (Umluft 160 °C, Gas Stufe 2–3) vorheizen. Eine flache Gratinform darin anwärmen.

2. Eier trennen. Eiweiß mit 1 Prise Salz und 3 bis 4 Esslöffeln heißem Wasser zu Eischnee steif schlagen. Nach und nach das Süßungsmittel und das Eigelb einrühren. Die Zutaten so lange weiterrühren, bis eine feste, cremige Masse entstanden ist, in der Rührspuren sichtbar bleiben.

3. Vanille, Zitronenschale und Zitronensaft dazugeben und unterrühren. Das Mehl darüberstäuben und mit einem Schneebesen vorsichtig unterheben.

4. Die Form aus dem Backofen nehmen und ein Stückchen Butter auf dem Boden der Form verlaufen lassen. Mit einem Teigschaber die Eimasse in zwei bis drei Portionen in die Form setzen. Die Form auf die mittlere Schiene des Backofens stellen und die Nockerln 10 bis 15 Minuten backen, bis die Oberfläche leicht gebräunt ist.

5. Das Nockerln-Soufflé mit Puderzucker bestäuben und sofort servieren.

Tipp Zu dem luftigen Biskuit passen frische Beerenfrüchte, ein fruchtiger Obstsalat nach Saison, der Zwetschgenröster von Seite 104, Kompott oder Eis.

Tipp Sie können das Soufflé auch in 4 Portions-Gratinförmchen backen.

Zutaten für 4 Portionen

4 Eier
1 Prise Salz
40–50 g Vollrohrzucker, Ahornsirup oder Xylit
½ TL gemahlene Vanille
1 TL abgeriebene Schale einer Bio-Zitrone
1 TL Zitronensaft
30 g Mehl

Außerdem
1 flache Gratinform à 30–35 cm Länge
Butter für die Form
Puderzucker aus Xylit

Zubereitungszeit 15 Minuten
Backzeit 10–15 Minuten

Quarkgratin mit Heidelbeeren

1. Heidelbeeren waschen und abtropfen lassen. Den Backofen auf 220 °C (Umluft 200 °C, Gas Stufe 4–5) vorheizen. Ein kleines Stück Butter in die Form geben und diese zum Anwärmen in den Backofen stellen.

2. Eier mit 1 Prise Salz und 3 Esslöffeln heißem Wasser schaumig rühren. Das Süßungsmittel einrühren, bis die Masse schaumig ist. Zitronenschale und Vanille einrühren. Den Quark und das Mehl vorsichtig unterziehen.

3. Die Form aus dem Backofen nehmen, die Butter durch Schwenken auf dem Boden der Form verteilen. Die Quarkmasse in die Form füllen. Die Beeren darauf verteilen und die Mandelblättchen darüberstreuen.

4. Die Form auf die mittlere Schiene des Backofens stellen und die Quarkmasse 20 bis 25 Minuten gratinieren, bis sich die Oberfläche leicht bräunt.

Tipp Anstelle von Heidelbeeren passen auch andere Beeren oder Früchte sehr gut für dieses Rezept. Kombinieren Sie z. B. Pfirsiche oder Aprikosen mit Johannisbeeren oder Mangoscheiben mit Kirschen oder geviertelten Zwetschgen. Pfirsiche oder Aprikosen mit heißem Wasser überbrühen, die Haut abziehen und dann in feine Spalten schneiden. Die Scheiben rosettenförmig auflegen.

GLUTENFREI (MIT KOKOSMEHL)

Zutaten für 4 Portionen

250 g Heidelbeeren

2 Eier

1 Prise Salz

50 g Xylit oder 70 g Erythrit

2 TL abgeriebene Schale einer Bio-Zitrone

1 Prise gemahlene Vanille

400 g Sahnequark

1 EL Mehl oder Kokosmehl

1 EL Mandelblättchen

Außerdem

1 flache Gratinform à 30–35 cm Länge

Butter für die Form

Zubereitungszeit 30 Minuten

Backzeit 20–25 Minuten

Süße Snacks, Desserts & Eis

Geleetörtchen mit Vanillesauce

Zutaten für 4 Portionen

Für die Törtchen

6 Blatt weiße Gelatine oder 3 TL gemahlene Gelatine

250 ml Apfelsaft

500 g beliebige Früchte nach Saison (z. B. Erdbeeren, Himbeeren, Orangen, Bananen – außer Ananas und Kiwi), ohne Schale gewogen

1–2 TL Xylit oder Reissirup, je nach Süße der Früchte

Für die Vanillesauce

500 ml Milch

1 Ei

1 gestrichener EL (10 g) Speisestärke

1 TL gemahlene Vanille

1 EL Xylit oder Reissirup

Außerdem

4 Dessertförmchen oder -schälchen

Zubereitungszeit 30 Minuten

Kühlzeit 1–2 Stunden

1. Die Gelatine in einen kleinen Topf geben, mit Apfelsaft bedecken und quellen lassen.

2. Früchte waschen, putzen und je nach Bedarf schälen. Das Obst in 5 bis 10 Millimeter große Stücke schneiden.

3. Den Apfelsaft erhitzen, bis sich die Gelatine aufgelöst hat. Den Topf von der Kochstelle nehmen. Fruchtstücke und Süßungsmittel einrühren.

4. Die Mischung in kleine Schälchen oder Tassen füllen. Im Kühlschrank erkalten lassen.

5. Für die Vanillesauce die Milch mit dem Ei, der Speisestärke, der Vanille und dem Süßungsmittel in einen Topf geben, verrühren und unter weiterem Rühren erhitzen, bis die Masse cremig wird. Den Topf von der Kochstelle nehmen und die Sauce unter gelegentlichem Rühren abkühlen lassen, damit sich keine Haut bildet.

6. Die Förmchen vor dem Servieren kurz in heißes Wasser tauchen und die Geleetörtchen auf die Teller stürzen.

Rhabarber-Baiser-Muffins

1. Für den Teig den Rhabarber waschen, putzen, wenn nötig abziehen, und in 5 bis 7 Millimeter große Würfel schneiden. Rhabarberwürfel mit Kokos- oder Stärkemehl vermischen.

2. Den Backofen auf 180 °C (Umluft 160 °C, Gas Stufe 2–3) vorheizen. Muffinförmchen auf ein Backblech oder in eine Muffinform mit zwölf Mulden stellen.

3. Die Butter mit Süßungsmittel cremig rühren. Eigelb nach und nach einrühren und noch 1 bis 2 Minuten weiterrühren. Mehl mit Backpulver vermischen und einrühren. Soviel Milch dazugeben, bis ein geschmeidiger, nicht zu weicher Teig entsteht. Rhabarberstücke unter den Teig heben.

4. Den Teig so in die Förmchen füllen, dass diese nur maximal zu zwei Drittel ihrer Höhe gefüllt werden.

5. Die Förmchen auf die mittlere Schiene des Backofens stellen und die Muffins 15 bis 20 Minuten nicht zu dunkel backen (da sie noch weitergebacken werden). Die gebackenen Muffins aus dem Backofen nehmen und etwas auskühlen lassen. Den Backofen auf 140 °C (Umluft 120 °C, Gas Stufe 1) zurückstellen.

6. Für das Baiser Eiweiß mit 1 Prise Salz und Zitronensaft schlagen, Süßungsmittel dazugeben und zu steifem Eischnee weiterschlagen. Die Baisermasse auf die Muffins setzen oder spritzen, mit Mandelblättchen oder Kokosflocken bestreuen. Die Törtchen wieder in den Backofen schieben und mit der Baiserhaube noch 30 bis 35 Minuten bei der schwachen Hitze backen. Eventuell zu Ende der Backzeit etwas höherstellen, damit die Spitzen leicht braun werden.

Zutaten für 12 Stück

Für den Teig
250 g Rhabarber
1 TL Kokosmehl oder Speisestärke
80 g weiche Butter
60 g Vollrohrzucker bzw. Xylit
2 Eigelb
100 g Mehl
1 TL Backpulver
50–75 ml Milch

Für das Baiser
2 Eiweiß
1 Prise Salz
1 TL Zitronensaft
50 g Xylit oder 70 g Erythrit
30 g Mandelblättchen oder Kokosflocken

Außerdem
12 Portions-Muffinförmchen (Papier oder Silikon)

Zubereitungszeit 30 Minuten
Backzeit etwa 1 Stunde

Buttermilch-Törtchen mit Fruchtsauce

Zutaten für 4–6 Portionen

Für die Creme

6 Blatt weiße Gelatine
500 g Buttermilch
100 g Xylit oder 140 g Erythrit
½ TL gemahlene Vanille

Für die Fruchtsauce

400 g Himbeeren, Erdbeeren oder
 gemischte Beeren
2–3 TL Reissirup

Außerdem

4–6 Portionsförmchen

Zubereitungszeit 30 Minuten
Kühlzeit 1 ½ Stunden

1. Für die Creme die Gelatine in kaltem Wasser etwa 10 Minuten einweichen. Ausdrücken, in einen Topf geben und bei mittlerer Hitze erhitzen, bis sie sich aufgelöst hat. Den Topf von der Kochstelle nehmen und die Buttermilch unter Rühren nach und nach mit der Gelatine vermischen. Süßungsmittel und Vanille einrühren.

2. Kleine Portionsförmchen mit kaltem Wasser ausspülen. Den Topfinhalt hineingießen. Die Förmchen in den Kühlschrank stellen und die Creme in etwa 1 ½ Stunden im Kühlschrank fest werden lassen.

3. Inzwischen für die Fruchtsauce die Beeren verlesen, in einem Sieb abbrausen und mit einem Mixstab pürieren. Nach Geschmack mit Sirup süßen.

4. Die Förmchen bis knapp unter den Formrand kurz in heißes Wasser tauchen und dann auf Portionsteller stürzen. Das Fruchtpüree dazu anrichten.

Variante Ersetzen Sie die Hälfte der Buttermilch durch roten Beerensaft. Das Ergebnis ist ein rotes Dessert, das Sie sehr gut mit einer hellen Sauce, wie z.B. der Vanillesauce von Seite 96, garnieren können.

Info Dieses leichte sommerliche Dessert ist einfach zubereitet und passt hervorragend zu vielen Früchten. Es lässt sich gut vorbereiten, da es sich im Kühlschrank zwei bis drei Tage aufbewahren lässt. Anstelle der Buttermilch können Sie dieses Rezept auch mit einem cremigen Naturjoghurt zubereiten.

Erdbeer-Quark-Mousse

Zutaten für 4–6 Portionen

4 Blatt weiße Gelatine
500 g Erdbeeren
250 g Magerquark
2 EL Xylit bzw. Reissirup oder
3 EL Erythrit
200 g Sahne

Zum Garnieren

einige Blättchen Zitronenmelisse
oder Pfefferminze

Zubereitungszeit 30 Minuten

Kühlzeit 1 Stunde

1. Die Gelatine in einem Schälchen mit kaltem Wasser bedecken und quellen lassen.

2. Erdbeeren waschen, putzen und etwa ein Drittel beiseitelegen. Die restlichen Früchte in eine Schüssel geben und mit einem Mixstab pürieren.

3. Die Gelatine ausdrücken und in einem kleinen Topf bei mittlerer Hitze flüssig werden lassen. Den Topf von der Kochstelle nehmen.

4. Die aufgelöste Gelatine portionsweise in das Fruchtpüree einrühren. Den Quark unter die Fruchtcreme rühren. Mit einem Süßungsmittel süßen.

5. Die Sahne schlagen und vorsichtig unter die Creme heben. Die Mousse für mindestens 1 Stunde in den Kühlschrank stellen, bis sie stichfest ist.

6. Zitronenmelisse oder Pfefferminze waschen und abtropfen lassen. Einen Esslöffel in Wasser tauchen, kleine Nocken von der Mousse abstechen und auf Teller geben. Mit den zurückbehaltenen Früchten und den Melisse- oder Minzeblättchen garnieren.

Tipp Schmeckt auch sehr gut mit Himbeeren oder Mango.

Rhabarber-Erdbeer-Schichtdessert

1. Für das Kompott den Rhabarber putzen und dabei nach Bedarf die Fäden abziehen. Die Stangen waschen und abtropfen lassen. Dicke Stängel längs durchschneiden und alles in 1 Zentimeter kleine Stücke schneiden.

2. Die Erdbeeren waschen, putzen und zur Dekoration 4 bis 6 halbierte Früchte beiseitelegen. Die restlichen Beeren in 5 Millimeter feine Würfel schneiden.

3. Die Rharbarberstücke mit etwa 1 Tasse Wasser und Zitronenschale aufkochen und bei schwacher Hitze 5 Minuten leicht kochen lassen. Süßungsmittel einrühren. Das Kompott etwas einkochen lassen, bis es nur leicht flüssig ist.

4. Den Topf von der Kochstelle nehmen und die gewürfelten Erdbeeren einrühren. Die Mischung abschmecken. Die Hälfte des Kompotts in zylinderförmige Gläser einfüllen.

5. Für die Creme Mascarpone mit Joghurt, Vanille und Süßungsmittel verrühren. Die Creme auf die Fruchtmasse füllen. Das restliche Kompott darauf geben.

6. Die Sahne schlagen und das Dessert damit garnieren. Die Erdbeerhälften auf die Sahne setzen.

Tipp Anstelle der Creme können Sie auch ganz einfach nur geschlagene Sahne, am besten mit einem Syphon oder mit einer Spritztülle, auf die Fruchtmasse aufspritzen. Dafür eignen sich ganz besonders gut die neuartigen Sahnesyphons, in denen Sie Sahne mit beliebigen Zutaten aromatisieren können.

GLUTENFREI

Zutaten für 4–6 kleine Portionen

Für das Kompott
250 g Rhabarber
200 g Erdbeeren
abgeriebene Schale
von ½ Bio-Zitrone
3–4 TL Xylit, Erythrit oder Reissirup

Für die Creme
4 EL Mascarpone
4 EL Joghurt natur
½ TL gemahlene Vanille
1–2 TL Reissirup oder Xylit
100–150 g Sahne

Außerdem
4–6 zylinderförmige Gläser à
5 cm Durchmesser und etwa
10 cm Höhe

Zubereitungszeit 30 Minuten

Sommerliches Schichtdessert

1. Mascarpone mit Fruchtpüree oder Fruchtsaft, Süßungsmittel und Zitronenschale verrühren.

2. Früchte waschen, putzen, nach Bedarf schälen und in kleine Stücke schneiden.

3. Die Gebäckstücke in eine Plastiktüte geben und mit einem Teigroller zerbröseln.

4. Abwechselnd Brösel, Creme und Fruchtwürfel in die Gläser einschichten.

5. Zitronenmelisse oder Pfefferminze waschen, trockentupfen und mit Schokostreusel oder Nüssen auf das Dessert geben.

Tipp Fruchtpürees gibt es in sehr guter Qualität im Bio-Supermarkt zu kaufen. Sie können ein Fruchtpüree aber auch ganz schnell selbst zubereiten, wenn Sie frische saftige Früchte im Vorrat oder im Tiefkühler haben. Die Früchte dafür waschen, putzen und dann mit einem Zauberstab oder im Mixer zerkleinern.

Tipp Für die Brösel können Sie auch sehr gut beliebige Plätzchen oder trockene Kuchenreste verwenden.

Tipp Anstelle von Mascarpone können Sie auch 200 Gramm geschlagene Sahne verwenden, die Sie mit 100 Gramm Quark, Crème fraîche oder Sahnejoghurt verrühren.

Zutaten für 4–6 Portionen

250 g Mascarpone

2–3 EL beliebiges Fruchtpüree oder Fruchtsaft

1–2 TL Reissirup, Kokosblütensirup oder Xylit

1 TL abgeriebene Schale einer Bio-Zitrone

200 g Mango, Pfirsich oder Melone

200 g Cantuccini (siehe Seite 64) oder Amaretti (siehe Seite 65)

Zum Garnieren

einige Blättchen Zitronenmelisse oder Pfefferminze

Schokostreusel oder gehackte Nüsse

Außerdem

4–6 zylinderförmige, breite Gläser (z.B. Whiskygläser)

Zubereitungszeit 30 Minuten

Zwetschgenröster

Zutaten für 2 große Einmachgläser

1,2 kg Zwetschgen

4 TL abgeriebene Schale einer Bio-Zitrone

4 TL abgeriebene Schale einer Bio-Orange

1 kleines Stück Ingwer

1 Flasche (750 ml) Rotwein

100 g Vollrohrzucker bzw. Xylit oder 140 g Erythrit bzw. Reissirup

1 Zimtstange

2 TL gemahlene Vanille

3 Gewürznelken

Außerdem

2 Einmachgläser à 1,5 l Inhalt

Zubereitungszeit 30 Minuten

Einkochzeit 40 Minuten

1. Zwetschgen waschen, halbieren und entsteinen. Die Fruchthälften mit Zitronen- und Orangenschale in zwei Einmachgläser schichten. Ingwer schälen.

2. Rotwein mit 500 Milliliter Wasser, Ingwer, Süßungsmittel, Zimtstange, Vanille und Gewürznelken erhitzen, kurz aufkochen und dann etwas abkühlen lassen.

3. Den Rotweinsud über die Früchte gießen, dabei die Gläser nicht ganz bis zum Rand füllen. Die Glaskanten abwischen, die Deckel aufsetzen und die Gläser verschließen.

4. Die Gläser im Backofen einkochen, dafür eine Fettpfanne in den Backofen schieben und etwa zur Hälfte mit heißem Wasser füllen. Die Gläser hineinstellen und den Inhalt bei 100 °C etwa 40 Minuten einkochen lassen. Die Gläser im Backofen abkühlen lassen. Das Kompott kalt servieren.

Tipp Dieses fruchtige Kompott ist eine beliebte Beilage zu Cremes, Salzburger Nockerln oder Palatschinken. Man kann es gut auf Vorrat zubereiten.

Info Durch das Einkochen gehen die Aromastoffe der Gewürze besonders gut in die Früchte über. Anstelle von Zwetschgen oder Pflaumen können Sie auch sehr gut Kirschen oder Birnen nach diesem Rezept verarbeiten. Ideal, wenn man als Gartenbesitzer größere Fruchtmengen verarbeiten muss.

Schokomousse mit Pfefferminze

1. Pfefferminzblätter in ein Tee-Ei geben, in einen Topf legen und mit etwa 60 Milliliter kochendem Wasser aufbrühen. Den Sud einige Minuten ziehen lassen und dann durch Kochen auf ewa 1 Esslöffel reduzieren.

2. Sahne erhitzen und von der Kochstelle nehmen. Die Schokolade in Stücke brechen und in der heißen Sahne schmelzen lassen. Den Pfefferminzsud einrühren. Die Mischung mindestens für 60 Minuten in den Kühlschrank stellen, damit sie erkalten kann.

3. Eine Pfanne ohne Fett erhitzen und die Mandelblättchen darin unter Wenden trocken rösten. Abkühlen lassen.

4. Die kalte Sahnemischung mit einem Rührbesen cremig schlagen. Einen Esslöffel in Wasser tauchen, kleine Nocken von der Mousse abstechen und auf Teller geben. Die Mandelblättchen darauf streuen. Mit Minzeblättchen garnieren.

Info Achten Sie bei der Zugabe des Pfefferminzsudes darauf, dass es nur etwa 1 bis 2 Esslöffel Flüssigkeit sind, damit sich später die Sahne noch schlagen lässt.

Birnenkompott Dazu passt ein Birnenkompott. Dafür 2 bis 3 reife Birnen schälen, vierteln und vom Kernhaus befreien. Die Viertel in Streifen schneiden und in einen Topf geben. 2 Tassen Wasser mit 1 Teelöffel Süßungsmittel oder Apfelsaft dazugeben und die Fruchtstücke je nach Reifezustand etwa 5 bis 10 Minuten zugedeckt leicht köcheln lassen. Sie sollen weich sein, aber nicht zerfallen.

Variante Statt Schokomousse ein Schokoeis zubereiten. Dafür die Masse in eine Eismaschine geben und nach Bedarf noch mit Reissirup süßen.

GLUTENFREI

Zutaten für 4–6 Portionen

1 EL Pfefferminzblätter (frisch oder getrocknet)
500 g Sahne
100 g bittere Schokolade (mind. 70 % Kakao)
4 EL Mandelblättchen

Zum Garnieren
frische Minzeblättchen

Zubereitungszeit 30 Minuten
Kühlzeit 60 Minuten

105

Vanillecreme mit Pflaumensauce

1. Für die Vanillecreme die Gelatine in kaltem Wasser einweichen. Sahne aufkochen und einige Minuten leicht aufwallen lassen, dabei ab und zu umrühren. Die Gelatine ausdrücken und in die heiße Sahne rühren. Von der Kochstelle nehmen und Vanille und Süßungsmittel einrühren.

2. Hohe Gläser zur Hälfte mit der Vanillecreme füllen. Zum Abkühlen in den Kühlschrank stellen.

3. Für die Fruchtsauce den Granatapfel etwas drücken, damit innen Saft austritt. Ein Sieb auf eine Schüssel stellen, die Frucht darüber aufschneiden, die saftigen Kerne auslösen und in dem Sieb abtropfen lassen.

4. Pflaumen waschen, entkernen und in Viertel schneiden. Mit Süßungsmittel, Zimt, Zitronenschale und Rum vermischen. Die Speisestärke mit 1 bis 2 Esslöffeln kaltem Wasser verrühren und zufügen. Die Fruchtmischung unter Rühren aufkochen und 1 bis 2 Minuten aufwallen lassen. Von der Kochstelle nehmen und den Granatapfelsaft dazugeben. Nach Belieben auch einige Kerne dazugeben.

5. Die Pflaumensauce erst vor dem Servieren auf die Creme in den Gläsern geben. Mit geschlagener Sahne garnieren.

Tipp *Für die Sauce tietgetrorene oder eingemachte Früchte verwenden, auch Kirschen oder Himbeeren.*

Info *Gelbschalige Granatäpfel haben einen hellen Saft, sind süßer und haben relativ weiche Kerne, die man leicht zerkauen kann. Rotschalige Früchte haben mehr Säure und härtere Kerne.*

GLUTENFREI

Zutaten für 6 kleine Portionen

Für die Creme
3 Blatt Gelatine
500 g Sahne
2 TL gemahlene Vanille
40 g Xylit oder 50 g Reissirup

Für die Fruchtsauce
1 Granatapfel
250 g Pflaumen/Zwetschgen
10 g Xylit oder 15 g Erythrit
1 Prise Zimtpulver
1 TL Zitronenschale
1 EL Rum oder einige Tropfen Rumaroma
1 gehäufter TL Speisestärke

Zum Garnieren
Sahne, steif geschlagen

Außerdem
6 zylinderförmige Gläser à 5 cm Ø und 10 cm Höhe

Zubereitungszeit 30 Minuten
Kühlzeit 60 Minuten

Karamellcreme

Zutaten für 4 Portionen

500 ml Milch

25 g Speisestärke

2 EL Xylit oder 3 EL Reissirup

2 TL schwarze Melasse

1–2 Eigelb

3 EL Kokosblütenzucker oder
Vollrohrzucker

150 g Sahne

Außerdem

4 Gläser oder 1 Schüssel

Zubereitungszeit 30 Minuten

1. Für die Grundcreme Milch, Speisestärke, Süßungsmittel und Eigelb in einem Topf verrühren und unter weiterem Rühren zum Kochen bringen, bis die Masse cremig wird. Den Topf von der Kochstelle nehmen.

2. Für den Karamell den Zucker in eine Pfanne geben und unter ständigem Rühren erhitzen, bis er flüssig wird. Sofort mit einer knappen Tasse Wasser (etwa 80 Milliliter) vorsichtig ablöschen und unter Rühren auflösen. Den Karamell in die noch heiße Grundcreme einrühren.

3. Die Karamellcreme nach Belieben in kleine Portionsgläser füllen oder in einer Schüssel erkalten lassen.

4. Die Sahne schlagen und dekorativ auf die Creme in den Portionsgläschen spritzen oder in der Schüssel unter die Creme ziehen.

Tipp Die Grundcreme mit anderen Zutaten zubereiten: Für eine Mokkacreme 1 bis 2 Esslöffel Instantkaffee einrühren, für eine Schokoladencreme 1 bis 2 Esslöffel Kakaopulver, für eine Vanillecreme 1 bis 2 Teelöffel gemahlene Vanille und für eine Haselnuss- oder Mandelcreme etwa 50 Gramm fein gemahlene, geröstete Nüsse zufügen.

Info Wenn bei den Zutaten von »1 bis 2 Eigelb« die Rede ist, dann bedeutet dies, dass das Rezept mit beiden Mengen gut gelingt. Sollten Sie also mal ein oder zwei Eigelb übrig haben, so können Sie diese für dieses oder andere Saucenrezepte verwenden.

Mascarponecreme mit Amaretti

1. Die Amaretti in eine kleine Schüssel geben, mit Süßwein, Likör oder Apfelsaft übergießen und kurz ziehen lassen.

2. Mascarpone mit dem Süßungsmittel verrühren. Die Schokolade fein hacken und bis auf einen kleinen Rest in den Mascarpone einrühren.

3. Die eingeweichten Amaretti rosettenförmig auf kleine Teller setzen, einen Klecks Creme darauf geben, eine Makrone in die Mitte obenauf setzen und mit der restlichen Schokolade überstreuen.

Tipp *Dazu passen sehr gut Orangenfilets, Mandarinenspalten oder gemischte Beeren, die Sie dekorativ um die Törtchen anrichten können.*

Variante *Anstelle von Mascarpone können Sie die Creme auch mit Sahnejoghurt (griechischer Joghurt) zubereiten.*

Zutaten für 4 Portionen

100–150 g Amaretti (siehe Seite 65)

6 EL Süßwein (z.B. Marsala) oder Mandellikör (z.B. Amaretto) oder 6 EL Apfelsaft und einige Tropfen Bittermandelaroma

250 g Mascarpone

1–2 TL Reissirup, heller Honig oder Xylit

80 g Zartbitter Schokolade (mind. 70 % Kakao)

Außerdem

4 Amaretti (Makronen)

Zubereitungszeit 15 Minuten

Kühlzeit 2 Stunden

Amaretto-Birnen mit Zabaione

Zutaten für 4 Portionen

4 mittelreife Birnen

40 g Butter

50 g Amaretti (siehe Seite 65)

40 g ungeschälte Mandeln

1 Prise Zimtpulver

125 ml Mandellikör (z.B. Amaretto)
oder 125 ml Apfelsaft und
5 Tropfen Bittermandelaroma

Für die Zabaione

2 Eier (extra frisch)

1 Eigelb

2–3 EL Xylit oder Erythrit

5 EL Süßwein (z.B. Marsala) oder
Apfelsaft

Zubereitungszeit 50 Minuten

1. Die Birnen waschen, ungeschält halbieren und die Kerngehäuse ausschneiden. Butter in einer großen Pfanne erhitzen und die Birnen darin mit der Schnittfläche nach unten bei mittlerer Hitze 3 bis 4 Minuten leicht anbraten.

2. Inzwischen Amaretti und Mandeln in einem Blitzhacker zerkleinern. Das Mus in ein Schälchen füllen und mit Zimt und etwas Likör oder Apfelsaft und Bittermandelaroma zu einer weichen Paste verrühren.

3. Birnen in der Pfanne wenden und die Paste auf die Oberseite der Früchte streichen. Etwa 100 Milliliter Wasser und die Hälfte des restlichen Likörs angießen. Den Deckel auflegen und die Birnen bei schwacher Hitze 10 bis 20 Minuten (je nach Sorte und Reifegrad) schmoren, bis sie weich sind, aber nicht zerfallen.

4. Für die Zabaione ein Wasserbad bereitstellen. Dafür Wasser in einem großen Topf erhitzen. Eier und Eigelb in einem kleineren Topf schaumig schlagen. Süßungsmittel und Süßwein oder Apfelsaft einrühren. Den Topf in das heiße Wasserbad setzen und die Creme ständig weiterschlagen, bis die Masse dick und cremig wird.

5. Die Birnen auf Portionsteller setzen. Den restlichen Likör oder Apfelsaft in die Pfanne gießen und die Flüssigkeit bei starker Hitze in 2 bis 3 Minuten zu einer sirupartigen Sauce einkochen. Diese zusammen mit der Zabaione dekorativ über die Birnen auf den Teller gießen. Sofort servieren.

Info Die Birnen sollten nicht zu grün und nicht zu weich sein. Ideal sind Birnen, die auf Druck leicht nachgeben.

Tipp Die Birnen mit Vanille- oder Walnusseis servieren.

Pannacotta mit Fruchtsauce

Zutaten für 4–6 Portionen

1 TL Agar-Agar oder 2 Blatt weiße
Gelatine

500 g Sahne

½ TL gemahlene Vanille

1 EL Xylit oder 1 ½ EL Erythrit bzw.
Reissirup

Für die Fruchtsauce

200 g saftige Früchte (z.B. Erdbeeren, Himbeeren oder Pfirsiche)

1 EL Reissirup oder heller Honig

Zum Garnieren

einige Blättchen Pfefferminze
oder Zitronenmelisse

Außerdem

4–6 Portionsförmchen

Zubereitungszeit 15 Minuten

Kühlzeit 1 Stunde

1. Bei Verwendung von Gelatine diese in einem Schälchen mit kaltem Wasser bedecken und quellen lassen.

2. Die Sahne mit Vanille und Süßungsmittel in einen Topf geben und unter gelegentlichem Umrühren aufkochen. Die Hitzezufuhr reduzieren und die Sahne bei mittlerer Hitze 8 bis 10 Minuten leicht kochen lassen. Das Agar-Agar in 2 bis 3 Esslöffeln Wasser anrühren, in die Sahne einrühren und noch etwa 2 bis 3 Minuten leicht mitkochen lassen. Oder die eingeweichte Gelatine ausdrücken und am Ende der Kochzeit in die Sahne rühren.

3. Kleine Förmchen mit kaltem Wasser ausspülen. Die heiße Sahne hineingießen. Die Creme für mindestens 1 Stunde in den Kühlschrank stellen, damit sie fest wird.

4. Für die Fruchtsauce die Früchte waschen, putzen und pürieren. Je nach Süße der Früchte mit Reissirup oder Honig abschmecken.

5. Die Förmchen bis knapp unter ihren Formrand kurz in heißes Wasser tauchen und die Pannacotta auf Teller stürzen. Die Fruchtsauce dazu anrichten. Mit Pfefferminz- oder Zitronenmelisseblättchen garnieren.

Tipp Zu diesem Gericht können Sie statt der Fruchtsauce auch die Karamellsauce von Seite 117 servieren.

Schokoladencreme

1. Sahne mit Milch, Gelatine oder Agar-Agar in einen Topf geben, verrühren und zum Kochen bringen. 2 bis 3 Minuten kochen lassen.

2. Das Kakaopulver dazugeben und einrühren. Oder die Schokolade in Stücke brechen, in die heiße Flüssigkeit geben und schmelzen lassen.

3. Den Topf beiseitestellen und die Schokoladensahne etwa 15 Minuten abkühlen lassen.

4. Süßungsmittel, Ei, Vanille und Kaffeepulver in die Creme einrühren. Nach Belieben noch mit Cognac, Rum oder Rumaroma würzen.

5. Die Förmchen bzw. die Glasschale mit kaltem Wasser ausspülen, die Creme hineingießen und im Kühlschrank in 1 bis 2 Stunden fest werden lassen.

Tipp *Diese zarte Creme lässt sich sehr gut vorbereiten. Zusätzlich können Sie sie noch mit einem Sahnehäubchen und einem Fruchtstück garnieren.*

GLUTENFREI

Zutaten für 4–6 Portionen

200 g Sahne

250 ml Milch

1 gestrichener TL gemahlene Gelatine oder Agar-Agar

25–30 g Kakaopulver oder 100 g Zartbitter-Schokolade (mind. 70 % Kakao)

2–3 EL Xylit, Reissirup, Erythrit oder Kokosblütenzucker

1 Ei

½ TL gemahlene Vanille

1 TL Instantkaffee (mit oder ohne Koffein)

1 EL Cognac oder Rum oder einige Tropfen Rumaroma

Außerdem

4– 6 Portionsförmchen oder 1 Dessertschale

Zubereitungszeit 25 Minuten

Kühlzeit 1–2 Stunden

Crème brulée mit Kokosmilch

1. Backofen auf 150 °C (Umluft 130 °C, Gas Stufe 1) vorheizen.

2. Eigelb mit Süßungsmittel, Vanille und/oder Anis verrühren. Kokosmilch und Sahne dazugeben und rühren, bis das Süßungsmittel gelöst ist.

3. Gratinförmchen in eine Backofen-Fettpfanne stellen. Die Kokos-Sahne-Mischung in die Förmchen gießen. Die Fettpfanne auf die unterste Schiene des Backofens schieben und so viel heißes Wasser eingießen, dass die Förmchen zu zwei Drittel ihrer Höhe im Wasser stehen. Die Creme in etwa 1 Stunde stocken lassen.

4. Die Förmchen aus dem Wasser nehmen und die Creme auskühlen lassen.

5. Die Creme dünn mit Zucker bestreuen und die Oberfläche mit einem Crème-brulée-Brenner oder direkt unter dem Grill karamellisieren.

Tipp *Dies ist ein raffiniertes und optisch attraktives Dessert, das man mit wenig Aufwand gut einen Tag vorher zubereiten kann.*

GLUTENFREI

Zutaten für 4–6 Portionen

4 Eigelb
20–30 g Xylit oder 50 g Erythrit
1–2 TL gemahlene Vanille und/oder Anis
200 g Kokosmilch
200 g Sahne

Zum Karamellisieren

4–6 TL Kokosblütenzucker oder Vollrohrzucker

Außerdem

4–6 flache (ca. 10 cm Ø) oder zylinderförmige Gratinförmchen (5 cm Ø, etwa 4 cm Höhe)
1 Crème-brulée-Brenner

Zubereitungszeit 20 Minuten

Garzeit 1 Stunde

Kühlzeit 1 Stunde

Zimtcreme mit Bananen

Zutaten für 4 Portionen

400 g Sahne

60 g Reismehl, Speisestärke oder
Kokosmehl

3–4 EL Vollrohrzucker bzw.
Kokosblütenzucker bzw. Xylit

2–3 TL Zimtpulver

2 Bananen

Außerdem

4 Dessertschälchen

Zubereitungszeit 30 Minuten

Kühlzeit 30 Minuten

1. 250 Gramm Sahne mit 250 Milliliter Wasser in einen Topf geben. Reismehl, Speisestärke oder Kokosmehl einrühren und die Masse unter Rühren zum Kochen bringen.

2. Süßungsmittel und Zimt einrühren und die Creme unter gelegentlichem Umrühren abkühlen lassen.

3. Die restlichen 150 Gramm Sahne steif schlagen. Die Hälfte der geschlagenen Sahne unter die Creme ziehen.

4. Die Creme in Schälchen füllen. Die Bananen schälen und in Scheiben schneiden. Die Creme mit den Bananen und der restlichen Sahne garnieren.

Schichtmüsli im Glas

Zutaten für 2 Portionen

150 g Erdbeeren oder Himbeeren

250 g Magerquark

150 g griechischer Joghurt

1 EL Apfelsaft

20 g Müslimischung oder
Haferflocken

2 EL Kokosraspel

2 EL Amaranth-Pops

Außerdem

2 breite, hohe Gläser

Zubereitungszeit 10 Minuten

1. Früchte waschen, putzen und nach Bedarf in kleine Stücke schneiden.

2. Quark mit Joghurt und Apfelsaft oder etwas Wasser cremig rühren.

3. In zwei breite, hohe Gläser abwechselnd Müslimischung, Quarkcreme, Früchte, Kokosraspel und Amaranth-Pops einschichten.

Info *Dies ist ein Müsli, das sehr gut auf einen festtäglichen Frühstückstisch passt.*

Karamellisierte Äpfel mit Eis

1. Äpfel waschen, schälen, Kerngehäuse entfernen und das Fruchtfleisch in schmale Spalten schneiden.

2. Butter in einer Pfanne erhitzen und den Zucker darin unter Rühren verflüssigen, d.h. karamellisieren lassen. Mit dem Apfelsaft ablöschen. Apfelspalten in den Sud legen, mit Zimt würzen und zugedeckt bei schwacher Hitze in 5 bis 10 Minuten nicht zu weich dünsten.

3. Das Eis portionsweise auf Teller setzen und die Apfelspalten aus der Pfanne darüber geben.

4. Die Walnusskerne in die restliche Sauce in der Pfanne geben, diese etwas reduzieren und über das Eis und die Apfelmasse legen. Mit Zimt-Zucker-Mischung bestreuen.

Tipp Für größere Mengen, z.B. in der doppelten oder dreifachen Menge, können Sie dieses Rezept auch im Backofen zubereiten. Dafür den Backofen auf 220 °C (Umluft 200 °C, Gas Stufe 4) einstellen. Äpfel schälen und in dünne Schnitze schneiden. Die Apfelschnitze nach Belieben noch mit etwas Zitronensaft (wegen der größeren Apfelmengen, damit sie nicht braun werden) beträufeln und in eine Auflaufform schichten. In einer Pfanne Butter mit Zucker aufschäumen lassen, mit Apfelsaft ablöschen und leicht einkochen lassen. Die Karamellsauce über die Äpfel gießen. Die Form in den Backofen schieben und die Äpfel etwa 20 Minuten gratinieren, bis sie weich sind.

Tipp Statt Eis eine Zimtsahne dazu servieren. Dafür 150 Gramm Sahne schlagen und mit Vanillezucker und Zimt würzen. Bis zum Servieren kalt stellen.
Übrigens schmeckt dieses herbstliche Dessert auch sehr gut mit Birnen.

GLUTENFREI

Zutaten für 4 Portionen

4 Äpfel (z.B. Boskop)

2 EL Butter

1 EL Vollrohrzucker bzw. Kokosblütenzucker

250 ml Apfelsaft

1 Prise Zimtpulver

4 Kugeln Vanilleeis

2–3 EL Walnüsse, grob gebrochen

Außerdem

Zimt-Zucker-Mischung aus Xylit oder Erythrit

Zubereitungszeit 20 Minuten

Kokoseis mit Banane

1. Eine Pfanne ohne Fett erhitzen und die Kokosflocken darin unter ständigem Rühren leicht rösten.

2. Die Bananen schälen und in Scheiben schneiden. Die Zitrone auspressen.

3. Kokosflocken, Bananen, Zitronensaft, Kokosmehl, Johannisbrotkernmehl und Inulin miteinander vermischen. Die Mischung in eine tiefkühlfähige Vorratsdose aus Kunststoff geben und mindestens für 3 bis 4 Stunden in den Tiefkühler stellen.

4. Die angefrorene Bananen-Kokos-Mischung mit einem Mixstab pürieren. Kokosmilch oder Sahne, Vanille und Sirup dazugeben und alles cremig vermischen.

5. Das cremige Kokoseis kann sofort verzehrt oder noch mal für 1 bis 2 Stunden tiefgekühlt werden. Dabei gelegentlich durchrühren, damit es cremig bleibt.

Variante Für Schokoeis statt Kokosflocken Kakaopulver oder geschmolzene Schokolade und 1 bis 2 Teelöffel schwarze Melasse in die Bananen-Kokos-Mischung rühren, und statt Kokosmilch nur Sahne verwenden.

Tipp Selbst gemachtes Eis mit wenig Zuckeranteil sollte immer etwa 30 Minuten vor dem Verzehr aus dem Tiefkühlfach genommen werden, da es erst ab minus 13 °C anfängt, cremig zu werden. Am besten schmeckt es frisch zubereitet oder nicht ganz durchgefroren.

Tipp Kokosflocken werden in verschiedenen Feinheitsgraden angeboten. Wenn die Kokosflocken zu grob sind, können Sie diese einfach im Mixer feiner zerkleinern.

GLUTENFREI

Zutaten für 4 Portionen

50 g Kokosflocken, fein gerieben
2 Bananen
Saft einer Bio-Zitrone
20 g Kokosmehl
1 gestrichener TL Johannisbrotkernmehl
1 gestrichener TL Inulin
250 g Kokosmilch oder Sahne
½ TL gemahlene Vanille
3 EL Kokosblüten- bzw. Reissirup

Außerdem

1 tiefkühlfähige Vorratsdose aus Kunststoff oder 1 Eismaschine

Zubereitungszeit 15 Minuten
Gefrierzeit 3–4 Stunden oder 30–40 Minuten in einer Eismaschine

Blitzeis aus gefrorenen Früchten

GLUTENFREI

Zutaten für 4 Portionen

500 g gefrorene saftige, süße
Früchte (z.B. Erdbeeren, Himbeeren,
Mangos)
100 g Sahne

Zubereitungszeit 10 Minuten

1. Die Früchte aus dem Tiefkühler nehmen und gefroren oder nur kurz angetaut verwenden.

2. Die Früchte in einen Mixer geben und mit der Sahne zu einer cremigen Eismasse pürieren.

3. Das Eis sofort servieren.

Info Dieses Eis ist zum sofortigen Verzehr nach der Zubereitung bestimmt, da es frisch zubereitet super cremig ist und keinen zusätzlichen Zucker braucht, wenn die Früchte süß und vollreif sind. Wenn Sie das Eis dagegen wieder einfrieren möchten, müssen Sie 80 bis 100 Gramm Reissirup, in etwas heißem Wasser aufgelöst, oder selbst gemachten Sirup (siehe Seite 121) sowie je 2 Teelöffel Johannisbrotkernmehl und Inulin dazugeben, damit das Eis nach dem Wiederauftauen geschmeidig bleibt, wie in den anderen Eis-Rezepten aufgezeigt.

Tipp Anstelle von Sirup können Sie auch eine große reife Banane mit untermixen – dadurch wird das Eis cremiger und die Fruchtigkeit wird unterstrichen.

Sorbet aus frischen Früchten

1. In einem kleinen Topf etwa 200 Milliliter Wasser mit dem kristallinen Süßungsmittel zum Kochen bringen und so lange köcheln, bis die Kristalle gelöst sind und die Masse sirupartig aussieht. Den Sirup leicht abkühlen lassen.

2. Die Früchte waschen, putzen bzw. schälen und in kleine Stücke schneiden. In einen Mixer oder Mixbecher geben. Den abgekühlten Sirup, Zitrusschale und -saft zu den Früchten geben. Johannisbrotkernmehl und Inulin zufügen und alles pürieren.

3. Die Mischung in eine tiefkühlfähige Vorratsdose aus Kunststoff geben und 3 bis 4 Stunden in den Tiefkühler stellen, dabei etwa alle 30 Minuten umrühren. Oder die Masse für 30 bis 40 Minuten in eine Eismaschine geben.

Tipp *Wenn das Sorbet längere Zeit bei minus 18 °C gelagert wurde, empfiehlt es sich, dieses etwa 30 Minuten vor dem geplanten Verzehr aus der Kühlung zu nehmen, damit es wieder geschmeidig wird.*

Info *Gute Fruchtkombinationen für Sorbets sind:*
- *Erdbeere, Banane, Birne*
- *Mango, Kiwi, Banane*
- *Mango, Banane, Limette (Schale und Saft)*
- *Erdbeere, Banane, Rhabarber*
- *Himbeere, Kirsche*
- *Heidelbeere, Himbeere*

GLUTENFREI

Zutaten für 4 Portionen

80 g Xylit oder 110 g Erythrit bzw. Reissirup

500 g Früchte (eine Sorte oder gemischt)

1 TL abgeriebene Schale einer Bio-Zitrone oder Bio-Limette

1 TL Zitronensaft

1 gestrichener TL Johannisbrotkernmehl

1 gestrichener TL Inulin

Außerdem

1 tiefkühlfähige Vorratsdose aus Kunststoff oder 1 Eismaschine

Zubereitungszeit 20 Minuten

Gefrierzeit 3–4 Stunden oder 30–40 Minuten in einer Eismaschine

Feine Kleinigkeiten, Aufstriche & Drinks

Schwarzwälder Törtchen

1. Die Cookies auf einen Teller legen. Die Kirschen nach Bedarf waschen und entsteinen.

2. Die Sahne schlagen und nach Belieben mit etwas Xylit oder Reissirup süßen.

3. Mit einem Löffel oder einer Tortenspritze auf jede Keksunterlage eine kleine Sahneportion setzen. 2 bis 3 Kirschen darauf platzieren. Mit einem Sahnehäubchen garnieren.

Tipp Einweg-Spritzbeutel selbst gemacht. Wenn Sie es besonders dekorativ mögen, nehmen Sie einen kleinen Plastikbeutel, füllen die Sahne hinein und schneiden eine untere Ecke etwa 1 Zentimeter breit ab. Mit der austretenden Sahne können Sie Ihre Törtchen dekorativ garnieren.

Variante Nach diesem Rezept können Sie auch mit anderen Früchten und beliebigen Keksen oder auch mit Scheiben von Rührkuchen (z.B. dem Marmorkuchen von Seite 42) blitzschnell eine süße Beilage zu Kaffee oder Tee kreieren. Für Erdbeer- oder Himbeertörtchen passen helle Kekse, wie z.B. die Kokoskekse von Seite 66 oder Haferkekse von Seite 63.

Info Bei Rezepten, die nach kleinen Mengen Süßungsmitteln verlangen, ist es einfacher, das Süßungsmittel in Löffelmaßen anzugeben: 1 leicht gehäufter Teelöffel Xylit bzw. Erythrit fasst 5 bis 6 Gramm, und 1 leicht gehäufter Esslöffel Xylit bzw. Erythrit entspricht 18 bis 20 Gramm.

GLUTENFREI

Zutaten für 2 Portionen

4 Schoko-Nuss-Cookies mit feingemahlener Schokolade (siehe Seite 72)

2 EL Sauer- oder Süßkirschen, frisch oder eingemacht

50 g Sahne

1–2 TL Xylit oder Reissirup

Zubereitungszeit 15 Minuten

Fruchtig-sahnige Biskuitkugeln

1. Die Sahne schlagen. Die Ananas fein würfeln. Biskuitboden oder Kuchenreste mit den Fingern grob zerkrümeln.

2. Die Teigkrümel zu der geschlagenen Sahne geben. Kokosmehl und Ananas untermischen und alles zu einer geschmeidigen, glatten Masse verarbeiten.

3. Mit einem Esslöffel den Teig in Portionen abnehmen und zu Kugeln formen. Kokosflocken in einen tiefen Teller geben und die Kugeln darin wälzen.

4. Die Kugeln einzeln in Papierförmchen füllen, auf eine Platte setzen und bis zum Verzehr kühl stellen.

Tipp Sie können die saftigen Kugeln gut 1 bis 2 Tage im Kühlschrank aufbewahren. Oder spontan zubereiten, wenn sich kurzfristig Besuch angekündigt hat.

Variante Statt Ananas frische Beeren verwenden und diese je nach Größe, wie etwa bei Erdbeeren, in Stücke schneiden. Kleine Beeren, wie Johannisbeeren, im Ganzen verwenden.

Info Dies ist ein schönes Rezept, das ohne Süßungsmittel auskommt. Die Ananas an sich bringt schon die nötige Süße mit ein.

Zutaten für 12 Stück

150 g Sahne

100 g Ananas, geschält

100 g Biskuitboden (z.B. nach den Rezepten von Seite 33, 34 oder 44) oder trockene Kuchenreste

1–2 TL Kokosmehl, je nach Saftigkeit der Früchte

100 g Kokosflocken

Außerdem

12 Papierförmchen (Muffingröße)

Zubereitungszeit 20 Minuten

Kokos-Schoko-Konfekt

Zutaten für etwa 50 Stück

50 g Kokosfett bzw. Kokosöl ungehärtet (VCO-Qualität)

50 g Kokosmus

50 g bittere Schokolade (mind. 70 % Kakao), Kakao- oder Carobpulver

1 EL Kokosblütenzucker

1 EL Kokosmehl

1 Prise gemahlene Vanille oder Zimtpulver

30–50 g Kokosflocken oder gehackte Mandeln

Außerdem

50 Papier-Pralinenförmchen

Zubereitung 10 Minuten

Kühlzeit 30 Minuten

1. Kokosöl und Kokosmus in einen kleinen Topf geben und bei schwacher Hitze direkt auf der Kochstelle oder in einem Wasserbad erhitzen, bis das Kokosmus geschmolzen ist. Den Topf von der Kochstelle nehmen.

2. Die Schokolade in grobe Stücke brechen und in der warmen Masse schmelzen lassen bzw. Kakao- oder Carobpulver einrühren. Nacheinander Kokosblütenzucker, Kokosmehl, Vanille oder Zimt, Kokosflocken oder gehackte Mandeln unterrühren.

3. Papierförmchen auf ein kleines Tablett oder einen flachen Teller stellen. Die flüssige Masse mit einem kleinen Löffel in die Papierförmchen füllen.

4. Das Tablett bzw. den Teller mit dem Konfekt in den Kühlschrank stellen, bis die Masse erkaltet und fest ist; das dauert etwa 30 Minuten.

5. Das Konfekt frisch genießen oder in eine verschließbare Dose geben und im Kühlschrank aufbewahren.

Tipp Zusätzlich können Sie dieses Konfekt noch mit abgeriebener Orangenschale aromatisieren.

Info VCO ist die Abkürzung für »Virgin Coconut Oil«, d.h. es handelt sich um natives Kokosöl bester Qualität, das nur aus erntefrischem Fruchtfleisch der Kokosnuss kalt gepresst und nicht raffiniert wurde.

Schokotrüffel

1. Sahne und Süßungsmittel in einen kleinen Topf geben und erhitzen, bis dieses gelöst ist. Den Topf von der Kochstelle nehmen.

2. Die Schokolade in kleine Stücke brechen. Schokoladenstücke und Butter zur Sahne geben und unter gelegentlichem Rühren schmelzen lassen, bis eine homogene Masse entstanden ist. Nach Geschmack Aromen hinzufügen.

3. Die Schokomasse für mindestens 2 Stunden in den Kühlschrank stellen, bis sie fest wird.

4. Aus der Masse mit einem Teelöffel Portionen abstechen, diese zu Kugeln oder Stücken formen und nach Belieben in Kakaopulver, Carobpulver oder Puderzucker wälzen.

Tipp Die Kugeln im Kühlschrank aufbewahren.

Variante Diese feinen Schokokugeln schmecken auch sehr gut mit fein gemahlenen Nüssen und/oder fein gehackten Trockenfrüchten und Kokosflocken.

GLUTENFREI

Zutaten für etwa 50 Stück

75 g Sahne

2–3 TL beliebiges Süßungsmittel

100 g zuckerfreie Kuvertüre oder Zartbitter-Schokolade (70 % Kakao)

ca. 30 g Butter

Aromen nach Geschmack (z. B. Minzöl, Zitronen- oder Orangenschale)

Zum Bestäuben

Kakaopulver, Carobpulver oder Puderzucker aus Xylit oder Erythrit

Zubereitungszeit 30 Minuten

Kühlzeit 2 Stunden

Fruchtkonfekt mit Kokos

Zutaten für 24 Stück

100 g getrocknete Aprikosen
3 EL Sonnenblumenkerne
4 TL Kokosmus
4 TL Kokosmehl
4 TL Inulin
4 EL Kokosflocken

Außerdem
Papier-Pralinenförmchen

Zubereitungszeit
etwa 30 Minuten

Trocknungszeit 2 Tage

1. Aprikosen mit kochendem Wasser übergießen und einige Minuten quellen lassen. Abgießen und abtropfen lassen.

2. Aprikosen und Sonnenblumenkerne mit einem Mixstab oder in einem Mixer fein zerkleinern. Die Masse in eine kleine Schüssel geben.

3. Kokosmus, Kokosmehl, Inulin und die Hälfte der Kokosflocken dazugeben und einarbeiten. Sollte die Masse kleben und zu weich sein, noch wenig Kokosmehl oder Kokosflocken einarbeiten.

4. Aus der Masse kleine Kugeln formen und diese in den restlichen Kokosflocken wälzen.

5. Die Kugeln in Papierförmchen setzen und 1 bis 2 Tage an der Oberfläche leicht antrocknen lassen, bis sie außen nicht mehr klebrig sind.

Tipp Das Konfekt in einer Dose kühl aufbewahren.

Variante Anstelle der Sonnenblumenkerne können Sie das Konfekt auch mit Nüssen zubereiten.

Knuspertaler mit Amaranth

1. Die Butter zerlassen und leicht abkühlen lassen.

2. Süßungsmittel, Vanille, Amaranth, Stärkemehl und Back-pulver vermischen. Sahne und die zerlassene Butter dazu-geben und alles zu einer geschmeidigen, relativ flüssigen Masse verrühren. Sollte sie zu fest sein, noch etwas Sahne einrühren.

3. Den Backofen auf 180 °C (Umluft 160 °C, Gas Stufe 2–3) vorheizen. Ein Backblech mit Backpapier auslegen.

4. Mit zwei Teelöffeln kleine Häufchen der Masse mit etwa 5 Zentimeter Abstand auf das Backblech setzen und flach streichen. Das Backblech auf die mittlere Schiene des Backofens schieben und die Taler 15 bis 20 Minuten backen, bis sie an den Rändern leicht gebräunt sind.

5. Die zarten Plätzchen auf dem Backblech auskühlen lassen, bis sie fest sind. Mit einer Palette vom Backblech nehmen und in eine Dose geben.

Variante Anstelle von Amaranth-Pops und Stärkemehl können Sie auch 50 Gramm Kokosflocken plus 25 Gramm Kokosmehl oder 50 Gramm Kastanienflocken plus 25 Gramm Kastanienmehl nehmen. Amaranth können Sie auch gut durch 50 Gramm feine Haferflocken ersetzen.

GLUTENFREI

Zutaten für 25 Stück

40 g Butter
30 g Vollrohrzucker bzw. Kokosblütenzucker
½ TL gemahlene Vanille
30 g Amaranth-Pops
25 g Stärkemehl
½ TL Backpulver
30-50 g Sahne

Außerdem
Backpapier

Zubereitungszeit 15 Minuten
Backzeit 15–20 Minuten

Baisertörtchen mit Früchten

Zutaten für 12–15 Törtchen oder 30 walnussgroße Baisers

Für das Baiser

2 Eiweiß

1 Prise Salz

2–3 Spritzer Zitronensaft

60 g Xylit bzw. Vollrohrzucker oder 80 g Erythrit, alle Sorten pudrig fein gemahlen

Für den Belag

100–150 g Sahne

1 TL Kokosblütensirup oder 2 TL Reissirup

1 TL gemahlene Vanille oder Zimtpulver

1 TL Butter

2 EL Mandelblättchen

saftige Früchte der Saison (z.B. Erdbeeren, Himbeeren, Pfirsiche)

Außerdem

Backpapier

Zubereitungszeit 30 Minuten

Trocknungszeit 2 Stunden

1. Eiweiß mit 1 Prise Salz und Zitronensaft zu Eischnee steif schlagen, Süßungsmittel nach und nach dazugeben und einrühren. Noch etwa 2 Minuten weiterrühren, bis der Zucker bzw. das Süßungsmittel vollständig gelöst ist.

2. Den Backofen auf 120 °C (Umluft 100 °C, Gas Stufe 1) vorheizen. Ein Backblech mit Backpapier auslegen.

3. Die Baisermasse in eine Tortenspritze oder einen Spritzbeutel füllen und für Törtchen entweder handtellergroße Spiralen oder für Plätzchenbaisers walnussgroße Tupfer auf das Backblech spritzen.

4. Die Baisers etwa 2 Stunden im Backofen trocknen lassen. Dafür die Backofentür einen kleinen Spalt geöffnet halten.

5. Für den Belag Sahne mit Süßungsmittel, Vanille oder Zimt steif schlagen. Eine Pfanne mit wenig Butter erhitzen und die Mandelblättchen darin goldbraun rösten. Die Früchte waschen, putzen und je nach Sorte etwas zerkleinern.

6. Die Sahne auf die Baisers streichen, die Früchte darauf verteilen und die gerösteten Mandelblättchen darüber streuen.

Tipp Lassen Sie die Baisers vollständig austrocknen, bevor Sie sie in einer dicht schließenden Dose aufbewahren.

Info Baisers lassen sich gut mit alternativen Zuckern zubereiten. Xylit oder Erythrit verleihen ihnen einen frisch-kühlenden Effekt mit sehr wenigen Kalorien. Heller Vollrohrzucker oder Sirup ist da schon kalorienreicher.

Apfelschaum

Zutaten für 4 Portionen

4 süße Äpfel (z.B. Gala oder Golden Delicious)
1 EL Zitronensaft
2 TL abgeriebene Schale einer Bio-Zitrone
1–2 EL Xylit oder Reissirup
150 g Sahne
20 g Nüsse

Zubereitungszeit 20 Minuten

1. Die Äpfel waschen, vierteln und vom Kerngehäuse befreien. Das Fruchtfleisch fein reiben und sofort mit Zitronensaft mischen. Zitronenschale und Süßungsmittel je nach Süße und Geschmack der Äpfel einrühren.

2. Die Sahne schlagen. Die Apfelmasse unter die Sahne ziehen. Die Nüsse fein hacken.

3. Den Apfelschaum in Dessertgläser füllen und die gehackten Nüsse darüber streuen.

Vitalstoffcocktail

Zutaten für 1 Portion

1 Tasse warmes Wasser
1 TL Melasse
1–2 TL frisch gepresster Zitronensaft oder Orangensaft

Zubereitungszeit 10 Minuten

1. Wasser aufkochen und in eine Tasse geben. Die Melasse dazugeben und einige Minuten stehen lassen, bis sich die zähe Masse im warmen Wasser aufgelöst hat.

2. Zitronensaft oder Orangensaft dazugeben und unterrühren. Sofort trinken.

Carobmousse mit Früchten

Zutaten für 2 Portionen

150 g Sahne
2–3 EL Carobpulver
Früchte zum Garnieren

Zubereitungszeit 5 Minuten

1. Sahne steif schlagen. Carobpulver durch ein Sieb streichen und einrühren.

2. Mit beliebigen Früchten garnieren.

Xocobars

1. Mit einem elektrischen Zerkleinerer Nüsse, Kakaobohnen oder -pulver, Datteln und Gewürze zu einer glatten Masse zerkleinern.

2. Aus der Masse etwa 2 Zentimeter dicke Rollen formen und diese mit einem Brettchen flach drücken.

3. Die noch leicht klebrigen Stücke mit den Amaranth-Pops panieren. Die Schnitten 2 bis 3 Tage außen etwas antrocknen lassen, dann in Folie verpacken.

Info Diese selbst gemachte Süßigkeit aus rohen, unbearbeiteten Zutaten ist ideal als Pausensnack für unterwegs.

GLUTENFREI

Zutaten für 40 Stück

200 g beliebige Nüsse

4 EL (30 g) getrocknete Kakaobohnen oder Kakaopulver (ungezuckert) oder Carobpulver

100 g getrocknete Datteln

1 Prise Zimtpulver

1 Prise Kardamom

1 Prise gemahlene Vanille

Außerdem

2–3 EL Amaranth-Pops

Trocknungszeit 2–3 Tage

Kokos-Knusper-Plätzchen

1. Kokosfett und Kokosmus in einem Topf über einem Wasserbad bei schwacher Hitze erhitzen. Zur Seite ziehen und etwas abkühlen lassen. Schokolade in grobe Stücke brechen und darin schmelzen lassen. Nüsse und Pops einrühren.

2. Ein kleines Tablett mit Alufolie auslegen und einen Rand hochbiegen. Die Masse darauf verteilen und 1 bis 2 Zentimeter dick ausstreichen. Für etwa 20 Minuten kühl stellen.

3. Die noch weiche Masse in Stücke schneiden. Für 30 Minuten in den Kühlschrank stellen und fest werden lassen.

Tipp Sie können die weiche Masse auch in kleine Konfekt-Papierförmchen füllen.

GLUTENFREI

Zutaten für etwa 30 Stück

25 g Kokosfett bzw. Kokosöl, ungehärtet (VCO-Qualität)

25 g Kokosmus

100 g bittere Schokolade ohne Zucker (z. B. Xylit Schokolade) oder Kuvertüre mit 70 % Kakao

60 g Nüsse, gehackt

6 EL Amaranth-Pops

Zubereitungszeit 10 Minuten

Kühlzeit 50 Minuten

Erdbeer-Rhabarber-Konfitüre

1. Gläser und Deckel in kochendem Wasser auskochen. Abtropfen lassen und auf eine hitzefeste Unterlage stellen.

2. Erdbeeren und Rhabarber waschen, putzen, in kleine Stücke schneiden und in einen hohen Topf geben. Den Xylit-Gelierzucker auf die Früchte geben, vermischen und etwas ziehen lassen, damit sich Saft bilden kann.

3. Die Früchte unter Rühren zum Kochen bringen. Die Masse mindestens 5 Minuten unter ständigem Rühren kochen lassen, bis die Rhabarberstückchen weich sind. Nach Belieben mit einem Mixstab zerkleinern und Gewürze hinzufügen.

4. Die kochend heiße Konfitüre in die vorbereiteten Gläser füllen, die Ränder säubern und die Gläser sofort verschließen. Die Gläser umgekehrt auf ihre Deckel stellen, sodass sie durch die heiße Konfitüre zusätzlich entkeimt werden.

Tipp *Wenn Sie säurearme, saftige Früchte verwenden wie zum Beispiel Süßkirschen, nehmen Sie etwas weniger Früchte, sodass Sie etwa das Verhältnis 2,5:1 erhalten.*

GLUTENFREI

Zutaten für 3 Gläser

750 g Erdbeeren
250 g Rhabarber
300 g Xylit-Gelierzucker (3:1)
Gewürze nach Belieben
(z. B. Vanille, Zimtpulver, abgeriebene Schale einer Bio-Zitrone)

Außerdem
3 Gläser à 300 ml Inhalt

Zubereitungszeit 30–40 Minuten

Mengenangaben für Xylit-Gelierzucker

Fruchtmenge	Xylit-Gelierzucker 3:1	Xylit-Gelierzucker 2,5:1
3000	1000	1200
2500	833	1000
2000	667	800
1500	500	600
1000	333	400
500	167	200
250	83	100

Alle Angaben in Gramm

Schokoladiger Brotaufstrich

Zutaten für 1 Schraubglas

50 g Butter
50 g Kokosöl, nativ (VCO-Qualität)
50 g Kokosmus
50 g Mandelmus oder Nussmus
½ TL gemahlene Vanille
2 EL Kakao, schwach entölt oder Carobpulver
1–2 EL Xylit, Kokosblütensirup, Kokosblütenzucker oder Honig
4 TL Inulin

Außerdem

1 Schraubglas mit weiter Öffnung à 250 ml Inhalt

Zubereitungszeit 20 Minuten

1. Einen Topf etwa 5 Zentimeter hoch mit Wasser füllen, sodass ein Schraubglas bis zur Hälfte seiner Höhe hineingestellt werden kann. Das Wasser bis kurz vor dem Siedepunkt erhitzen. Dann die Hitzezufuhr ausschalten.

2. Butter, Kokosöl und Kokosmus in das Schraubglas geben und dieses für einige Minuten in den Topf mit dem heißen Wasser stellen, damit die Zutaten weich werden und sich gut vermischen lassen.

3. Das Glas aus dem Wasser nehmen und Mandel- oder Nussmus, Vanille, Kakao- oder Carobpulver, Süßungsmittel und Inulin dazugeben und alles glatt verrühren.

Tipp Den Brotaufstrich bei Zimmertemperatur aufbewahren, damit die Masse streichfähig bleibt.

Variante Sie können diese Grundmasse auch noch mit weiteren Zutaten, wie z.B. gerösteten gemahlenen Nüssen, Amaranth-Pops oder gemahlenen Chufas (Erdmandeln) variieren.

Joghurt mit Melasse

Zutaten für 1 Portion

150 Joghurt, Quark oder Kefir
1 TL schwarze Melasse
1 Handvoll Obst oder Nüsse nach Belieben

Zubereitungszeit 5 Minuten

1. Joghurt, Quark oder Kefir in eine kleine Schüssel geben. Melasse zufügen und gut unterrühren.

2. Das Obst nach Bedarf waschen, putzen und pürieren oder Nüsse nach Bedarf schälen und klein hacken. Obst und/oder Nüsse unter den Joghurt mischen.

Trinkschokolade

1. Kakao- oder Carobpulver mit Inulin in einen Topf geben. Zunächst eine kleine Menge der Flüssigkeit angießen und die Zutaten mit einem Schneebesen verrühren.

2. Die restliche Milch dazugeben und unter Rühren erhitzen. Den Topf von der Kochstelle nehmen. Das Getränk etwas abkühlen lassen und nach Geschmack süßen.

Tipp *Die gehaltvolle Trinkschokolade schmeckt warm oder kalt. Sie können sie auch in einer größeren Portion zubereiten, in eine Flasche oder Karaffe füllen und im Kühlschrank aufbewahren. Sie können dem Getränk mit Gewürzen eine spezielle Note geben, z.B. mit Vanille, Zimt, Anis, Nelken, Ingwer, Kardamom oder Chilipulver.*

GLUTENFREI

Zutaten für 4 Portionen

4 TL Kakaopulver oder Carobpulver

4 TL Inulin

800 ml Milch, Reismilch oder Mandelmilch

4 TL Xylit oder 6 TL Reissirup bzw. Erythrit

4 TL schwarze Melasse

Zubereitungszeit 5 Minuten

Eiweiß-Powertrunk

1. Früchte waschen, putzen und zerteilen. Mandeln, Flocken, Inulin, Kokos- und Eiweißpulver in einen Mixer geben.

2. Früchte, Süßungsmittel und Kefir, Milch oder Reismilch in den Mixer geben und alles zu einer cremigen Masse mixen. Sollte die Masse zu dickflüssig sein, noch etwas Wasser oder Saft dazugeben, damit sich die Masse gut trinken lässt.

Info *Sie können auch andere Getreideflocken, Nüsse oder Früchte dazugeben, je nach Appetit. Süßlupinenmehl ist ideal, um den Eiweißgehalt einer Speise zu erhöhen, anstelle von Magerquark. Man bekommt es in Bio-Supermärkten oder Reformhäusern.*

GLUTENFREI (MIT HIRSEFLOCKEN)

Zutaten für 2 Portionen

100 g Früchte (z.B. Birnen, Pfirsiche)

50 g Mandeln oder Mandelmus

20 g feine Haferflocken oder Hirseflocken

2–3 TL Inulin

2 TL Kokosmehl

40 g Eiweißpulver (z.B. Süßlupinenmehl)

1–2 TL schwarze Melasse

250–300 ml Kefir, Milch oder Reismilch

Zubereitungszeit 5 Minuten

Smoothies

Frucht-Mix-Smoothie

1. Die Früchte waschen, putzen, nach Bedarf schälen und etwas klein schneiden.

2. Quark, Kokosmilch und Buttermilch in einen Mixbecher geben. Obst, Kokosmehl, Inulin und Süßungsmittel dazugeben. Alles mit einem Mixstab zu einem cremigen Smoothie pürieren. Wenn die Konsistenz zu fest sein sollte, noch etwas Wasser oder Milch dazugeben.

Zutaten für 2 Portionen

250 g beliebige Beeren
1 kleine Banane oder Birne
125 g Magerquark
100 ml Kokosmilch
250 g Buttermilch
1 EL Kokosmehl
1 EL Kokosblüten- oder Reissirup
1 EL Inulin

Zubereitungszeit 10 Minuten

Buttermilch-Frucht-Smoothie

1. Die Früchte waschen, je nach Bedarf schälen, putzen und grob zerkleinern.

2. Quark und Buttermilch in einen Mixbecher geben. Obst, Kokosmehl, Inulin und Süßungsmittel dazugeben. Alles mit einem Mixstab zu einem cremigen Smoothie pürieren. Wenn die Konsistenz zu fest sein sollte, noch etwas Wasser dazugeben.

Zutaten für 2 Portionen

100 g Mango, Papaya oder beliebige Beeren
250 g Magerquark
200 g Buttermilch
1 EL Kokosmehl
1 EL Inulin
3–4 TL Xylit oder Erythrit

Zubereitungszeit 10 Minuten

Kokos-Mango-Smoothie

1. Fruchtpüree und Kokoswasser mit den restlichen Zutaten in einen Mixbecher geben.

2. Alles mit einem Schneebesen oder Mixstab verquirlen.

Tipp Das Fruchtpüree können Sie auch selbst aus frischen Früchten herstellen.

Zutaten für 2 Portionen

4 EL Mangopüree, ungezuckert (Fertigprodukt)
100 ml Kokoswasser (Fertigprodukt)
150 g Joghurt, Magerquark oder Sahne
2 TL Kokosmehl

Zubereitungszeit 5 Minuten

Rezeptregister

*Die mit Sternchen gekennzeichneten
 Rezepte sind glutenfrei bzw. beinhalten
 eine glutenfreie Variante.

Impressum

1. Auflage
© 2014 by Südwest Verlag, einem Unternehmen
der Verlagsgruppe Random House GmbH,
81673 München

Hinweis

Alle Angaben erfolgen ohne Gewähr. Weder Autorin
noch Verlag können für eventuelle Fehler oder Schäden, die aus den im Buch gegebenen praktischen
Hinweisen resultieren, eine Haftung übernehmen.

Bildnachweis

Fotografie und Styling Maike Jessen, Hamburg,
www.maikejessen.de
Foodstyling Diane Dittmer, Hamburg
Grafiken Jan-Dirk Hansen, München

Redaktionsleitung Susanne Kirstein
Projektleitung Claudia Maria Weiß
Redaktion Dr. Ute Paul-Prößler
Layout, DTP/Satz
Grafikdesign Hansen, Jan-Dirk Hansen, München

Über die Autorin

Johanna Handschmann ist ausgebildete Haus-

wirtschaftslehrerin und
arbeitet heute als freie
Autorin und Ernäh-
rungscoach. Sie ist Ex-
pertin für individuelle
Ernährungssituationen
und Fachautorin für Ab-
nehmen, kreative Ge-
müseküche, vegetarische
Ernährung, Vollwertkost
und Trennkost.

Bezugsadressen für alternative Zuckerarten:
kiwikawa GmbH (www.xucker.de)
TAVARLIN AG (www.tavarlinshop.de)

Bildredaktion Sabine Kestler
Umschlag *zeichenpool, München
Korrektorat Susanne Langer
Reproduktion Artilitho snc, Lavis (Trento)
Druck und Verarbeitung Neografia, Martin

auch erhältlich:
Genießen mit Stevia
ISBN 978-3-517-08850-1

Printed in Slovakia

FSC® C020353

Verlagsgruppe Random House FSC® N001967

Das für dieses Buch verwendete FSC®-zertifizierte
Papier *Profisilk* wurde produziert von Sappi
Stockstadt.

ISBN: 978-3-517-08973-7